JN310427

地域でチャレンジするすべてのナースへ

# 看護の事業所開設ガイド Q&A

監修 一般社団法人 全国訪問看護事業協会

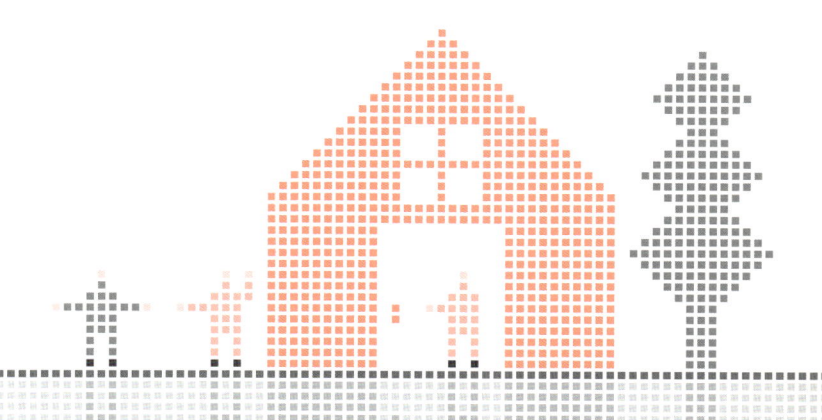

日本看護協会出版会

## まえがき

　最近、訪問看護ステーションを立ち上げたいという方から全国訪問看護事業協会（以下、当協会）への問い合わせが多くなっています。例えば「自分で起業したい」「訪問看護師仲間と一緒に独立したい」「在宅医療の分野に進出を考えている」などです。介護保険制度施行以来、訪問看護ステーション数の伸びが微増であることを考えると、とても喜ばしいことです。

　さらに訪問看護師たちが、地域の実情を見かねて介護保険のサービスにない宿泊可能な独自のサービス等を立ち上げている例も増えてきました。

　これは、近年医療ニーズの高い状態で自宅・地域で療養生活を送る方々が急増し、医療と生活の両面を支える訪問看護への期待が高まっていることと同時に、在宅生活が困難になった場合でも即病院や施設へ向かうのではなく、できる限り地域・在宅に近いところで暮らし続けたいと希望される方が多くなっているからだと考えられます。

　そこで、当協会の訪問看護推進委員会では、「訪問看護事業を推進するため」、また「地域で看護の事業所を開設するため」のガイドブックをＱ＆Ａ形式にしてまとめることにしました。

　この本を活用していただきたいのは、大きく3つのタイプの方々です。

　1つは、訪問看護事業（訪問看護ステーション）の開設を検討する方です。訪問看護とは何か、訪問看護ステーションとはどういうものかなどまだあまりよくわからないけれど、開設を検討してみようかなと思っている方にとって本書は、訪問看護に関する基本事項をわかりやすく解説した超入門の内容になっています。

2つ目は、訪問看護ステーションだけでなく他の施設・事業展開を検討している、あるいは検討しようとしている方々です。「小規模なアパートを利用したターミナルケアまで行える施設」「人工呼吸器装着でも宿泊できる地域の家」などさまざまな事業について事例とともに紹介するほか、「複合型サービス」など新しいサービスについても取り上げており、これら施設の開設を検討している方の参考書になるでしょう。

　3つ目として、看護師（訪問看護師）が自分で新たな法人をつくり、"起業"して事業を行おうとしている方。すなわち、これまでの訪問看護のキャリアを活かして自分で株式会社などを立ち上げて事業展開することへの挑戦を考えている方々です。起業に関する疑問に答えるとともに、自分自身の準備状況を客観的に確認するためのLessonを設けるなど工夫しました。

　看護職は、医療の場だけではなく、介護保険の多様なサービスにより施設や在宅など生活支援の場でも大いに力を発揮することが求められている時代です。

　ぜひあなたも挑戦してみてください！　私たちは心から応援しています。

2012年9月吉日

　　　　　　　　　　　一般社団法人　全国訪問看護事業協会
　　　　　　　　　　　　　　　　　常務理事
　　　　　　　　　　　　　　訪問看護推進委員会委員長
　　　　　　　　　　　　　　　　　上野 桂子

# 目次

まえがき　ii
執筆者一覧　x

**はじめに**　地域で看護の事業所を開設したいと考えているあなたへ ——— 1

**Beginning　看護として起業するとは**

- Q1　自分で何か看護の事業を立ち上げてみたいのですが、どのようなものがありますか ——— 2
- Q2　看護の資格を活かして社長になれると聞いたのですが、本当でしょうか ——— 3
- Q3　定年後でも新しい事業を行うことは可能ですか ——— 4
- Q4　退職金を元手に、長く続けられる事業を興すとしたら、まず何をすればよいですか ——— 4
- Q5　病棟勤務を20年続けてきて、これからは独立して納得できる看護を実現したいのですが、どういう方法がありますか ——— 5

## 第1部　訪問看護ステーション編 ——— 7
――訪問看護ステーションの開設を検討・計画してみましょう

### 【第1章】開設にあたっての「心」の準備 ——— 9

**Point 1　自分の訪問看護ステーションを立ち上げよう** ——— 10

- Q6　訪問看護ステーションを開設するのは、難しいですか ——— 10
- Q7　看護師ではないのですが、訪問看護ステーションを開設することは可能ですか ——— 11
- Q8　自分で会社をつくることもできますか ——— 11
- Q9　訪問看護ステーションを立ち上げるのに、準備期間はどのくらいかかりますか ——— 12
- Q10　手もちの資金はどのくらい必要ですか ——— 13

## Point 2　事業を興すなら、「訪問看護」を改めて知っておこう　14

- **Q11**　「訪問看護」とは、名前は聞いたことがあるのですが、そもそもどういうものなのですか　14
- **Q12**　いつ頃からどのようにして始まったのですか　15
- **Q13**　対象者はどういう人ですか　17
- **Q14**　病院の看護と、どう違うのですか　18
- **Q15**　毎日、どういう仕事をするのですか　19
- **Q16**　個人で、患者・利用者宅に訪問して看護することができるのですか　20
- **Q17**　訪問看護に関係する法律・制度はどういうものがありますか　21
- **Q18**　訪問看護の"面白さ"は何ですか　21
- **Q19**　訪問看護での"苦労"は何ですか　22

## Point 3　「訪問看護ステーション」を理解しよう　24

- **Q20**　「訪問看護ステーション」とは具体的にどういうものですか　24
- **Q21**　訪問看護ステーションはいつ頃できたのですか　25
- **Q22**　「訪問看護事業所」と「訪問看護ステーション」はどう違うのですか　25
- **Q23**　全国にどのくらいの訪問看護ステーションがあるのかなど、概況を教えてください　26
- **Q24**　どういう設置母体が多いのですか。また、株式会社が増えているって本当ですか　28
- **Q25**　どれぐらいの規模の事業所が多いのですか　29
- **Q26**　訪問看護の適用は、医療保険ですか、介護保険ですか　30
- **Q27**　訪問できるのは看護師だけですか　31
- **Q28**　収入はどこから入ってくるのですか　31
- **Q29**　収支の構造はおおよそどうなっているのですか　32
- **Q30**　全国的にみた訪問看護ステーションの収支は、黒字ですか、赤字ですか　35
- **Q31**　依頼があれば、誰に対しても訪問看護をすることが可能なのですか　36
- **Q32**　医師とはどういう連携をするのですか　37
- **Q33**　医師以外にどういう職種・サービスと連携するのですか　38
- **Q34**　職員の勤務体制はどういうものですか　38

## Point 4　訪問看護の経験は必要か　40

- **Q35**　訪問看護の経験がなくても訪問看護ステーションを開設して管理者になれますか　40
- **Q36**　病棟師長をしていましたが、訪問看護ステーションの管理者としてやっていけますか　41

| Q37 | 訪問看護ステーションの開設者として事業を成功するために、必要な力量は何ですか | 42 |

## 【第2章】 開設に向けたLesson ——— 45

### 【Ⅰ】 自分がつくりたい訪問看護ステーションのイメージづくりをしましょう ——— 46

| Lesson1 | どうして訪問看護ステーションを開設しようと思っているのですか | 46 |
| Lesson2 | どういう訪問看護ステーションをつくりたいと思っていますか | 47 |
| Lesson3 | 手本・モデルにしている訪問看護ステーションはありますか | 48 |
| Lesson4 | 実際にいくつか見学しましたか。それをどう思いましたか | 49 |
| Lesson5 | 起業について相談できる人はいますか | 50 |

### 【Ⅱ】 可能性を探りましょう ——— 51

| Lesson6 | 設立法人はどうしますか | 51 |
| Lesson7 | 資金の準備はできていますか | 52 |
| Lesson8 | 利用者確保のめどはありますか | 53 |
| Lesson9 | 職員（看護師）確保のめどはありますか | 54 |

## 【第3章】 開設にあたっての具体的な準備 ——— 55

### Point1 設立法人を決める ——— 56

| Q38 | どういう法人で設立できるのですか。それぞれのメリット・デメリットを教えてください | 56 |
| Q39 | 具体的に先輩の例があれば教えてください | 57 |
| Q40 | 設立法人を途中で変更することは可能ですか | 60 |
| Q41 | 医療・介護の関連ではない会社でも、訪問看護ステーションを立ち上げることは可能ですか | 60 |

### Point2 開設資金を確保する ——— 61

| Q42 | いったい、どのくらいの資金があれば開設できますか | 61 |
| Q43 | 自己資金がなければ、開設できませんか | 62 |
| Q44 | 銀行等の金融機関から借り入れるにはどうしたらよいですか | 63 |

| Q45 | 訪問看護ステーションの立ち上げを支援する制度はありますか | 64 |
| Q46 | 資金を調達・節約する方法を教えてください | 64 |

## Point3　利用者確保のめどを探る　65

| Q47 | 月に最低何名の利用者・対象者を確保すれば採算が合うのですか | 65 |
| Q48 | 市場調査はどのように行えばいいのですか | 66 |
| Q49 | 高齢者人口が多い地域に開設したほうが利用者を確保しやすいですか | 66 |
| Q50 | 病院から利用者を紹介してもらうにはどうしたらよいですか | 67 |
| Q51 | 近くに既存の訪問看護ステーションがいくつかあっても大丈夫ですか | 67 |
| Q52 | 特化型の訪問看護ステーションとして、ターミナルケア中心の事業所を立ち上げたいのですが、うまくいくでしょうか | 68 |

## Point4　開設地域を選定する　70

| Q53 | 開設するにはどこの場所を選んでもいいですか | 70 |
| Q54 | 開設場所について市町村等の許可が必要なのですか | 70 |

## Point5　土地・事務所を選定する　71

| Q55 | 物件（賃貸・新築）を選ぶ際は、どういう点に注意すればいいですか | 71 |

## Point6　看護師等職員を確保する　72

| Q56 | 看護師や他のスタッフは何人くらい確保したらいいですか | 72 |
| Q57 | スタッフの募集はいつから始めたらいいですか | 73 |
| Q58 | 看護師を募集する方法を教えてください | 73 |
| Q59 | 職員の研修や教育は必要ですか | 74 |

## Point7　必要備品・物品を調達する　76

| Q60 | 必要備品・物品にはどういうものがありますか | 76 |
| Q61 | 必要なパソコンのソフトにはどういうものがありますか | 77 |

## Point8　開設時期の見通しをつける　78

| Q62 | 通常、どのくらいで開設にこぎつけられるものですか | 78 |
| Q63 | 開所式は行ったほうがいいですか | 79 |

### Point 9　指定申請等を行う ─────── 80

- **Q64** 訪問看護事業者としての指定を受けるための申請はどこに行うのですか ……… 80
- **Q65** 申請にあたってはどのような書類が必要ですか …………………………………… 81
- **Q66** 開設後はどのような書類の準備が必要ですか ……………………………………… 86
- **Q67** 保険加入が必要と聞きましたが、どのような保険ですか ………………………… 86

### Point 10　PR方法やプロモーション活動を考える ─────── 87

- **Q68** PR活動を有効に行うコツは何ですか ………………………………………………… 87
- **Q69** ケアマネジャーにはどのようにPRすればよいですか ……………………………… 87

## 第2部　訪問看護を基盤にした地域ケア事業所編 ─────── 89

### その1　背景・需要 ─────── 90

- **Q70** 最近、訪問看護師さんが、訪問看護ステーション以外の新しい事業所を立ち上げていると聞くのですが、どういう事業を行っているのですか ……… 90
- **Q71** 医療ニーズの高い方やがん末期の方などが、自宅は無理でも、地域の中で過ごし続けられる場所をつくるにはどうすればよいですか ……………… 91
- **Q72** 訪問看護ステーションが基盤にあることのメリットは何ですか ………………… 92

### その2　療養通所介護 ─────── 94

- **Q73** 「通所介護」と「療養通所介護」はどう違うのですか ……………………………… 94
- **Q74** 「療養通所介護」の実践例を紹介してください ……………………………………… 95

### その3　小児デイサービス ─────── 98

- **Q75** NICUから退院する重度の障がい児のデイサービスやショートステイを実施しているところはありますか ……………………………………………… 98
- **Q76** 「児童デイサービス」の実践例を紹介してください ………………………………… 98

### その4　認知症対応型共同生活介護（グループホーム） ─────── 101

- **Q77** 認知症対応型共同生活介護（グループホーム）とはどういうものですか ……… 101

| | | |
|---|---|---|
| | Q78　「グループホーム」の実践例を紹介してください | 102 |

## その5　有料老人ホーム … 105

Q79　有料老人ホームには、どのようなタイプがあるのでしょうか。また、訪問看護経験のある方が運営している施設はどういう内容ですか … 105
Q80　「有料老人ホーム」の実践例を紹介してください … 107

## その6　小規模多機能型居宅介護事業 … 109

Q81　小規模多機能型居宅介護事業とはどういうものですか … 109
Q82　「小規模多機能型居宅介護事業」の実践例を紹介してください … 111

## その7　サービス付き高齢者向け住宅 … 113

Q83　サービス付き高齢者向け住宅とはどういうものですか … 113
Q84　「サービス付き高齢者向け住宅」の実践例を紹介してください … 114

## その8　民間賃貸アパート … 116

Q85　知人の看護師が、一軒家を借りて医療ニーズの高い方に住居を提供し、看取りまで行っているのですが、どうすればそういうことができますか … 116
Q86　「民間賃貸アパート」の実践例を紹介してください … 117

## その9　その他 … 121

Q87　地域の特性に沿った取り組みの例を紹介してください … 121
Q88　2012年度に新設された「定期巡回・随時対応型訪問介護看護」とはどういうものですか … 122
Q89　2012年度に新設された「複合型サービス」とはどういうものですか … 124

### Column

「会社をつくる」　12／訪問看護支援事業　17／「税理士」と「社会保険労務士」　34／在宅療養支援診療所　69／季節が気になる訪問看護　81／退院調整　88／グリーフケア　93／雪の日の訪問看護　104

## ◎ 執筆者一覧 （五十音順）

### 《監 修》一般社団法人 全国訪問看護事業協会　平成23年度訪問看護推進委員会

| | |
|---|---|
| 石川 セツ子 | 公益社団法人秋田県看護協会訪問看護部部長 |
| 上野　桂子 | 一般社団法人全国訪問看護事業協会常務理事 |
| 権平 くみ子 | 看護協会ちば訪問看護ステーション所長 |
| 齋藤　訓子 | 公益社団法人日本看護協会常任理事 |
| 佐々木 静枝 | 社会福祉法人世田谷区社会福祉事業団訪問サービス課長 |
| 新津 ふみ子 | ケア・コーディネーション研究所所長 |
| 塙　真美子 | はみんぐ訪問看護ステーション所長 |
| 宮崎 和加子 | 一般社団法人全国訪問看護事業協会事務局次長 |
| 山崎　和代 | 社会福祉法人西宮市社会福祉事業団訪問看護課課長 |
| 山田　雅子 | 聖路加看護大学看護実践開発研究センター・センター長 |

### 《責任編集》

| | |
|---|---|
| 塙　真美子 | はみんぐ訪問看護ステーション所長 |
| 宮崎 和加子 | 一般社団法人全国訪問看護事業協会事務局次長 |
| 山田　雅子 | 聖路加看護大学看護実践開発研究センター・センター長 |

### 《執 筆 者》

| | |
|---|---|
| 石川 セツ子 | 公益社団法人秋田県看護協会訪問看護部部長 |
| 上野　桂子 | 一般社団法人全国訪問看護事業協会常務理事 |
| 粟原　雄樹 | 東京大学大学院医学系研究科博士後期課程（健康科学・看護学専攻地域看護学分野） |
| 権平 くみ子 | 看護協会ちば訪問看護ステーション所長 |
| 佐々木 静枝 | 社会福祉法人世田谷区社会福祉事業団訪問サービス課長 |
| 田口　敦子 | 東北大学大学院医学系研究科保健学専攻基礎・健康開発看護学領域地域ケアシステム看護分野助教 |
| 永田　智子 | 東京大学大学院医学系研究科健康科学・看護学専攻地域看護学分野講師 |
| 塙　真美子 | はみんぐ訪問看護ステーション所長 |
| 宮崎 和加子 | 一般社団法人全国訪問看護事業協会事務局次長 |
| 村嶋　幸代 | 大分県立看護科学大学理事長・学長／東京大学名誉教授 |
| 山崎　和代 | 社会福祉法人西宮市社会福祉事業団訪問看護課課長 |
| 山田　雅子 | 聖路加看護大学看護実践開発研究センター・センター長 |

## はじめに

# 地域で看護の事業所を開設したいと考えているあなたへ

「退院した後、あの患者さん大丈夫かしら」「一人で帰って行かれたけれど、また救急外来に戻ってくるかしら」などと心配している看護師の皆さま。入院期間が短縮され、医療や看護が必要なまま退院していく患者さんが増えています。こうした状況では、もはや看護は病院の中に固定されている仕事ではなくなりました。看護を必要としている人々のために、私たちは、患者さんの住まいの近いところに看護の事業所を立ち上げ、多様な形で看護を届けることができるのです。まず、その入り口に立ってみましょう。

# Beginning 看護として起業するとは

## Q:1 自分で何か看護の事業を立ち上げてみたいのですが、どのようなものがありますか

**A** 夢のある提案ですね。看護の力をどこかで発揮したいと考えることは、看護師自身にとって、大小にかかわらず、貴重な夢プロジェクトだと思います。

看護師が自らの意思で立ち上げた事業所は、どれも魅力的で輝いています。何が輝くかというと、利用者・患者さんたちが輝いて見えるのです。退院された患者さんのその後について気にかかっていることや病院で実現したくてもできなかったことができたり、自分が年を取ったら利用したいと思えるような施設や事業所を立ち上げることが、看護師なら可能なのです。そして、それができると、あなた自身も輝いていることに気がつくかもしれません。

もちろんいくつか乗り越えなければならないこともありますが、決して乗り越えられないものではないと信じて、仲間と力を合わせて頑張ってほしいと心から願います。

さて、ご質問の"どのようなもの"についてです。大きくは、公的なシステムに則った事業所を立ち上げることと、独自のシステムで事業を興すことに分けられます。

### ●公的なシステム（介護保険法）による事業所の立ち上げ

公的なシステムに則った場合、介護保険法による各事業所を挙げることができます。

介護保険法に関連した事業所というと、訪問看護事業所、訪問介護事業所、通所介護事業所（デイサービス）、複合型サービス事業所、認知症対応型共同生活介護（グループホーム）、介護老人福祉施設（特別養護老人ホーム）など、たくさんあります。看護師の配置が不要な事業所もありますが、看護師免許を有する方が運営されるのであれば、それに勝るものはないと思いますから、それも含めて検討するとよいと思います。

なお、介護保険法に基づく事業所を立ち上げる場合は、法人として事業を興すことが必要で、看護師個人で開設することはできません(参照▶Q16)。医療法人や看護協会といった既存の法人はもちろんですが、最近では自分で株式会社を興して、その中で介護保険事業を展開する方も増えてきています。

● **独自のシステムでの事業所の立ち上げ**

また一方の、公的な保険など国のシステムの支援を受けずに、独自のシステムで事業を興す場合を考えてみます。この場合は利用者から利用料を頂戴する、会員制にして会費で活動費を賄う、ボランティアとして活動するなど、いくつかの方法があると思います。

国のシステムに規制されないぶん、自由な看護を自分でデザインして、それを直接利用者に還元することができるというメリットがあります。そこで提供する看護が、「療養上の世話」の範囲に入るものであれば、医師からの指示は必要ありません。保健師助産師看護師法や医師法の解釈をよく確認して、サービス内容を検討することが重要です。無認可の託児所や宅老所もその一つです。選択肢はたくさんありますね。

## Q:2 看護の資格を活かして社長になれると聞いたのですが、本当でしょうか

**A** なれます。Q1に対する回答にも記しましたが、自分で会社を興して、そこで看護に関連する事業を展開するという選択をした場合、興した会社の社長に自分がなるということです。また、看護事業に取り組んでいる会社に就職して、キャリアを積み上げ、末は社長を目指す、という方法もあるのではないでしょうか。

参照▶Q8

## Q:3 定年後でも新しい事業を行うことは可能ですか

**A** 体力と情熱とあなたを支えてくれるスタッフがいれば、必ずできることはあると思います。医療機関等には定年がありますが、看護師免許に年齢制限はありませんから、あなたは最期まで看護師として命を全うすることができるのです。仮に加齢等で体力が落ちたとしても、「頭と口を使って看護を実践することもできるのだ」と、ある先輩から教わりました。

## Q:4 退職金を元手に、長く続けられる事業を興すとしたら、まず何をすればよいですか

**A** 大事な退職金ですから、意味のある活用につながるとよいですね。長く続けられるかどうかは、事業開始前の十分な市場調査（参照▶Q48）と、事業を興した後のご自身の頑張りでいかようにでもなると思います。

　現在、その地域で何が必要とされているのかを、まず調べてみることが大切です。超高齢多死時代に向かって、日本は間違いなく階段を上り始めています。どの病院も効率よく入院期間を短くして、治療半ばで患者さんを地域に帰していくことになると思います。患者さんは、病院の中だけでなく、自宅や高齢者のための施設など、あらゆるところで療養を続けることになります。若い人の手も足りなくなりますから、今のように家族介護者の力を当てにしたような在宅医療は成り立たなくなります。もっとも今もその傾向はすでにみられるわけですね。

　こうした全国的な傾向をみたうえで、あなたが事業を興そうとする地域で、看護を必要としている患者さんが、どこで、どのように過ごされているのか、すでにある事業所の方などの意見を聞きながら、よく検討してみてください。ニーズが明らかになれば、それはきっと成功するカギとなるはずです。

　カギが合っても頑張りがなければ長続きしません。新しい事業が形になるには、数年はかかります。その間あきらめず続けることです。よいサービスであれば、必ず形になります。

## Q:5 病棟勤務を20年続けてきて、これからは独立して納得できる看護を実現したいのですが、どういう方法がありますか

**A** 病院の方針や上司の考え方、臨床実践能力が下がってきているようにみえる新卒看護師など、さまざまな課題が病院の中にはありますね。病院組織におけるチーム医療の実践は、経験を積めば右肩上がりによくなっていくばかりでなく、スタッフの交替や組織の改編などがたびたびあり、思うような看護ができないことはよくあると思います。

そうした中で、自分が実現したい看護とは何か、自問自答してみてください。そして、それを言葉で表現することが大切です。ぜひ、次の視点で実際に言葉にしてみてください。

①"納得できる看護"とはどのような看護ですか？

例えば、患者の生きる可能性を広げる看護をしたい、患者が自分らしく生活することを支えたい、自分の病気を患者自身がしっかりと受け止められるよう支援したい、患者自身が治療方法を選択できるよう支援したい、介護する家族のストレスが軽減されるような看護をしたい、もっと気軽に健康相談ができるような窓口をつくりたい、など。

②あなたが"納得できる看護"を提供することで、患者はどのように変化することを期待していますか？

③上記のような看護を必要としている患者はどのような人ですか？

④そうした患者はどこにいますか？

⑤そうしたサービスは、既存の制度を活用して提供できますか？

# 第1部

# 訪問看護ステーション編
――訪問看護ステーションの開設を検討・計画してみましょう

　看護師が事業を始めることを検討するにあたり、一つの例として、まずは訪問看護ステーションを取り上げてみましょう。訪問看護ステーションは1991（平成3）年に制度化され、これまで全国に約6,000カ所がつくられてきました。最近の特徴として、医療機関から独立して会社を興し、訪問看護ステーションを開業する看護師が増えてきました。公的なシステムに則った事業開始のひな形として、本編を活用していただければと思います。

　訪問看護ステーションは主に介護保険法に基づく事業所ですから、他の介護保険事業所を検討する方にも参考になると思います。

第 1 章

# 開設にあたっての「心」の準備

　「看護の事業所を自分で立ち上げてみようか」と考え始めた方、あるいは「本気で検討してみよう」と思っている方は、まず情報収集が大切です。自分が目指している訪問看護ステーションのイメージをつくり上げるためにも基本的なことを理解することが必要です。「心」の準備といえるでしょう。

　本章では、「訪問看護とは」「訪問看護ステーションとは」「対象者は」「経営とは」「収支構造は」「設置母体は」など、訪問看護や訪問看護ステーションに関する基本事項についてわかりやすく答えます。

## Point 1 自分の訪問看護ステーションを立ち上げよう

### Q:6 訪問看護ステーションを開設するのは、難しいですか

**A** 訪問看護ステーションを開設するまでの流れは**表1-1**のようになります。一見、難しそうに思えるかもしれませんが、開設手続自体はそう難しくはありません。訪問看護ステーションは都道府県知事等＊が指定しますので、指定申請書（参照▶Q65）を揃えて、都道府県等＊の担当窓口（介護保険を担当している部署）に提出することになります。

＊ 介護保険法に基づく指定を受ける場合、申請先は都道府県または指定都市・中核市となり、都道府県知事または指定都市・中核市の市長が指定を行います。

【表1-1】訪問看護ステーション開設までの流れ

① 「訪問看護」という仕事や関連する法律・制度について理解します
（参照▶Q11-19）
↓
② 「訪問看護ステーション」について理解します（参照▶Q20-34）
↓
③ 自分がつくりたい「訪問看護ステーション」のイメージを描きます
（参照▶Lesson1-5）
↓
④ 事業としての可能性を探ります（参照▶Lesson6-9）
↓
＜資金・利用者・スタッフ確保の可能性がみえた場合＞
↓
⑤ 設立法人を決めます（参照▶Q38-41）
↓
⑥ 開設資金を確保します（参照▶Q42-46）
↓
⑦ 市場調査を行い、利用者確保のめどを探ります（参照▶Q47-52）
↓
⑧ 開設地域を選定します（参照▶Q53-54）
↓
⑨ 土地・事務所を選定します（参照▶Q55）
↓
⑩ 看護師等職員を確保します（参照▶Q56-59）
↓
⑪ 必要備品・物品を調達します（参照▶Q60-61）
↓
⑫ 開設時期の見通しをつけます（参照▶Q62-63）
↓
⑬ 開設の申請書類を準備し、都道府県等へ申請します（参照▶Q64-67）
↓
⑭ PR方法やプロモーション活動を考えます（参照▶Q68-69）
↓
無事、訪問看護ステーションが開設！

まずは、該当する都道府県等の担当者に連絡をして、指定申請前に一度は会っておくとよいでしょう。その際、参考として『訪問看護業務の手引』（社会保険研究所刊）の中の「第2　訪問看護ステーションの開設」「第3　訪問看護事業者の指定」を事前に読み、わからないことを確認すると、理解を深めることができると思います。

## Q:7 看護師ではないのですが、訪問看護ステーションを開設することは可能ですか

**A**　「指定訪問看護ステーションの管理者は、保健師、助産師又は看護師でなければならない」とされています*。訪問看護ステーションの管理者の仕事として最も重要なのは、提供している訪問看護サービスの質の管理ですから、"看護とは何か"をしっかりと理解して、それを言語化できる人であることが求められるということです。准看護師、理学療法士、作業療法士、言語聴覚士は、訪問看護ステーションのスタッフになることはできますが、原則として管理者にはなれません。

　なお、看護師、保健師以外の人は「管理者」にはなれません**が、事業を立ち上げる開設主体（法人）は多様ですので、「オーナー」として立ち上げることは可能です。

\* 指定訪問看護の事業の人員及び運営に関する基準第3条第2項

\*\* 助産師は健康保険法に基づく指定訪問看護ステーション事業を行う場合のみ管理者になることができる。

## Q:8 自分で会社をつくることもできますか

**A**　もちろんできます。看護師に限らず、誰にでも会社を設立する権利が保障されています。

　訪問看護ステーションを始めるには、個人では指定申請をすることができませんので、自分で会社をつくって訪問看護ステーションを開設することになります（参照▶column）。

参照▶Q2

## Column

### 「会社をつくる」

「会社をつくる」とは「会社設立登記」を行うことです。具体的な手続については、司法書士に依頼することが多いようですが、例えば株式会社で訪問看護ステーションを立ち上げる場合、主に以下のような手続を踏むことになります。

①会社の基本事項を決定する（会社名、事業の目的、所在地など）
②役員を決定する（代表取締役は本人、取締役はいなくてもよい）
③会社代表印や個人の印鑑証明書を用意する
④定款を作成する
⑤公証人役場で認証してもらう
⑥法務局に必要書類を提出する

同一住所にすでに登記されている会社名と同じ名称をつけることは禁止されているため、事前に開設予定地の法務局の登記所へ行き、同一名称の訪問看護ステーションがないかを調べておきましょう。

最も大切なのは「定款の作成」です。定款は、都道府県等への指定申請の際に添付するものでもあり、定款の「事業の目的」欄に「介護保険法に基づく訪問看護」など、介護保険に基づく事業を行うことが明確に記されていないと、申請不可となることがあるので注意が必要です。

## Q:9 訪問看護ステーションを立ち上げるのに、準備期間はどのくらいかかりますか

**A** 例えば株式会社で訪問看護ステーションを立ち上げる場合、指定申請書を都道府県等に提出してから約2カ月で指定を受け、サービスを開始することができます。申請書を作成するまでに必要な準備は、法人から立ち上げる場合とすでにある法人で申請する場合とでは異なり、新しく法人を立ち上げる場合は、別途時間がかかります。

申請書には、法人の定款や従事者の勤務体制、管理者の免許証のコピー、事業所の平面図、運営規程、利用者からの苦情を処理するための方法、資産の状況、誓約書、役員の氏名等が求められています。

したがって、訪問看護事業を実施するにあたっての組織が明確であり、事業所やスタッフが確保されていることがポイントとなりますので、その準備に時間を見積もっておくべきでしょう。

参照 ▶ Q57, Q62

## Q:10 手もちの資金はどのくらい必要ですか

**A** 訪問看護事業を実施するにあたり、資金として見積もっておかなければならないのは、人件費と事務所経費が大きいです。特に訪問看護は、介護報酬と診療報酬に基づくレセプトを作成し、公的サービスの対価として国民健康保険団体連合会（国保連合会）等から収入を得ますので、最初のレセプトを提出してから2カ月間は収入がないことを見込んでおくことが最も重要です。つまり、法人の設立および都道府県等への指定申請に3カ月（参照▶Q62）、そして保険収入があるまで2カ月程度かかるわけですから、少なくとも5カ月分の人件費と事務所経費を合計した資金を、開設前に準備しておく必要があります。

訪問看護ステーションを開設するためには最低2.5人（常勤換算した数字）の看護職員を確保することが求められますので、最低限必要な人件費として、2.5人の5カ月分の給与を計算してみてください。さて、資金はどのくらいありますか？　不足する分は金融機関からの借入の必要がありますか？　金融機関からの融資を希望する時は、金融機関の融資担当者が納得できる事業計画を立てることが必要となります。

今年訪問看護ステーションを開設した友人は、常勤看護師2名、非常勤看護師2名のスタッフで、自己資金と金融機関からの借入金を合わせて約1,000万円を準備したと言っていました。ちなみに事務所の家賃は月額8万円だそうです。

訪問看護ステーション整備事業補助金交付を行っている市町村もあるようですので、必要であればお問い合わせください。

参照▶Q42～Q46

## Point 2　事業を興すなら、「訪問看護」を改めて知っておこう

### Q:11　「訪問看護」とは、名前は聞いたことがあるのですが、そもそもどういうものなのですか

**A**

●**看護そのものを実感できる仕事**

　看護で事業を興すことを考える場合、訪問看護ステーションを検討することは、その入門編として意味のあることで現実的だと思います。訪問看護ステーションが登場する前は、看護界で開業権をもつのは助産師だけといわれていましたが、看護師が起業して訪問看護ステーションの事業者になれるということは、助産師が助産所を開設するような立場に一歩近づいたといえるでしょう。訪問看護は、看護そのものを一つの商品と捉え、必要な人たちに自分たちの手で届けることができることから、実に看護そのものを実感できる仕事なのだと感じます。

●**患者・利用者のありのままを受け止めて、看護を提供する仕事**

　訪問看護は、訪問看護ステーションという事業所を拠点として、看護職等が、患者が療養している場に赴いて看護を提供する仕事です。病院の看護は、医療や看護を提供する場に患者が通ってくるか泊まり込み、そこで効率よくサービスを提供するという方法ですから、主と客が真逆になって、立場が変わります。だからこそ訪問看護では、主である患者の意向に合わせて必要な看護を提供することが求められます。

　そもそも看護は、病気や障がいとともに、よりよく生活することを支援する仕事です。病院では、病気と治療はよくみえますが、その方の生活はなかなかみえないものです。訪問看護では、まさに生活の場に赴くわけですから、さまざまな個別の環境の中で生活している姿をそのまま受け止めて看護を提供することになります。病院の中ではみえなかったさまざまな場面で患者やその家族に出会うことができます。人の生活はとても個別性が高く、その中でお役に立てたと思えた瞬間は、訪問看護の仕事をしていてよかったと思いますし、その醍醐味は忘れ得ないものとなるでしょうね。

### ●必要とするすべての人に、看護を届けられる仕事

さて、訪問看護は訪問看護ステーションからしか提供できないものではありません。医療機関も訪問看護を提供することができ、それに対する報酬上の手当もされています。介護保険で訪問看護を提供する場合、病院は、訪問看護ステーションとしてみなされた「みなし訪問看護事業所」として機能することができると、介護保険法での整理がなされています(参照▶Q22)。

また、訪問看護は以前、高齢者のみを対象としていましたが、今では健康保険の適用も受けられるよう法整備がされたことで、年齢を問わず、看護を必要としている人すべてに届けられるようになりました。

＊

日本はまさに超高齢社会を迎えています。医療や看護を必要とする人が生活している広い地域に、看護が出向いていく仕事のスタイルが、今、強く求められています。一人暮らしでも自宅で生活できるような社会システムの構築に向けて、看護としてできることがたくさんあると思います。

どうか肩の力を抜いて訪問看護ステーションを楽しめる職場にしていきましょう！

## Q:12 いつ頃からどのようにして始まったのですか

**A**

### ●訪問看護試行の時期

我が国の訪問看護の歴史はそれほど長くはなく、宮崎・川越＊は、訪問看護という言葉が看護雑誌などで取り上げられるようになったのは1970年代半ばからで、寝たきり老人問題がクローズアップされた当時、寝たきり老人対策として先駆的に病院や診療所から無報酬で訪問看護が提供されるようになり、その後、自治体による「寝たきり老人訪問看護指導」が事業化されるようになったと、訪問看護の始まりを示しています。

### ●制度化開始の時期

看護師が患者のもとへ出向く訪問看護が制度上初めて位置づけられたのは、老人保健法施行の年 (1983 [昭和58] 年) です。この時に初めて訪問看護 (退院患者継続看護指導といいました) が保険点数化され、1986 (昭和61) 年の診療報酬改定では

＊ 宮崎和加子, 川越博美：訪問看護元気化計画 現場からの15の提案, p.3-9, 医学書院, 2010.

「訪問看護指導」の名称で、対象者や期間の制限なく訪問看護を行えるようになりました。また、一部の先駆的な自治体で行われていた寝たきり老人対策としての訪問看護が、当時3,300市区町村すべてで「寝たきり老人訪問看護指導事業」として実施されるようになりました。

● **訪問看護ステーション誕生の時期**

老人保健法改正（1991［平成3］年）による「老人訪問看護制度」の新設により、1992（平成4）年に「訪問看護ステーション」が誕生しました。これは、在宅の寝たきり老人等に対し、看護師等が訪問して看護サービスを提供し、「老人訪問看護療養費」を診療報酬上請求するもので、地域で開業のごとく事業所運営を行えるようになったことから、看護界にとって画期的だとされました。

次いで、1994（平成6）年には健康保険法等が改正され、在宅の難病患者や障がい者等、老人医療の対象外の療養者に対しても訪問看護ステーションから訪問看護サービスを提供して訪問看護療養費を請求できる「訪問看護制度」が同年10月1日からできるようになりました。

● **介護保険制度開始の時期**

2000（平成12）年4月1日から「介護保険法」が施行され、訪問看護は、医療保険と介護保険の2つの制度に基づくサービス提供が可能になりました。今では介護保険制度は定着し、ケアマネジャー（介護支援専門員）といえば多くの人が知る職種になっていますが、逆に訪問看護ステーションにとっては新たな課題が出てきています。1つは、介護保険制度開始を機に訪問看護ステーション開設数が横ばいになったこと、もう1つは、2つの制度にわたっているため運用が複雑になり、理解しにくくなったことです。またそれらに伴う事務量の増加などを問題視する声もあります。

訪問看護の充実は国が推し進める在宅医療の推進にも欠かせないものであり、厚生労働省では「訪問看護支援事業」(参照▶column)として、訪問看護の充実に向けた事業を継続して行っています。

参照▶Q21

> **Column**
>
> **訪問看護支援事業**
>
> 　訪問看護支援事業は、2009（平成21）年から2012（平成24）年まで、厚生労働省の施策として実施されてきました。要支援・要介護の増加により在宅療養者の増加が見込まれる中で、訪問看護サービスの安定的な供給を維持し、在宅療養環境の充実を図ることを目的としたものです。
> 　訪問看護ステーションでは、利用者への訪問看護以外の周辺業務（報酬請求業務・利用者や家族等からの電話相談対応など）が多く、職員への負担が大変大きい現状にありました。そのため本事業では、「広域対応訪問看護ネットワークセンター」を設置し、訪問看護ステーションが行っている前記のようなさまざまな周辺業務を集約化・効率化する体制がつくられました。

## Q:13 対象者はどういう人ですか

**A** 訪問看護の対象者は、おおよそ次のような方々です。

### ●要介護者（寝たきりの人）

　訪問看護制度ができた当初は、「寝たきり患者で状態の安定している人」が中心でした。脳血管疾患の人が大半を占めていた時代です。今でも対象者の多くは、脳血管疾患等による寝たきりの人です。できるだけ寝たきりにさせない、生活の中でリハビリテーション看護をどのように展開するかがとても大切になります。

### ●障がい者・障がい児

　身体障がい、精神障がい、知的障がいを有する人々も訪問看護の対象者となります。例えば、神経難病を含む特定疾病のために人工呼吸器を装着している方には、生活の一部として医療的な管理が必要になります。医療機器の管理、合併症の予防などは、看護師が力を発揮できる役割です。この場合、医療保険と併せて障害者自立支援法に基づく自立支援医療の一環として訪問看護を公費で利用することができます。

### ●医療ニーズの高い人

　医療器具のサポートでは、「経管栄養・胃ろう」「留置カテーテル・ドレーンチューブ・自己導尿」「在宅酸素」「吸引」「気管カニューレ・気管切開」などが多くなっています。高齢者に限らず、小児の事例も含まれます。

医療処置を実施することは少なくないですが、糖尿病、高血圧などの合併症のコントロールもしながら生活をトータルに支えていくことが、看護の力で実現できます。

### ●がん末期の人

がん患者は増えています。自宅での治療の継続やさまざまな症状の緩和、そして看取りに、看護の力が求められています。本人や家族が住み慣れた家（もしくは望んでいたホスピスや医療機関）で最期を迎えるために、緩和ケアや疼痛コントロールはもちろんのこと、その人が生きるための支援を行います。

### ●認知症の人

最近多いのは、認知症の人です。老夫婦世帯で2人とも認知症という場合もあります。認知症があっても在宅で安全に快適に生活できるように支援します。

＊

訪問看護師がマネジメント力を発揮し、他のサービス・職種と連携しながら在宅療養生活を支援することで、対象者も広がりをみせています。

## Q:14 病院の看護と、どう違うのですか

**A**

### ●患者との関係が主客転倒

看護を提供する場が「病院」から「患者の自宅」に移るわけで、そうなると"主客"が正反対になります。

一般に人間は、他人のテリトリーに入り込む時には緊張するものですね。患者は病院に入ると緊張します。緊張した患者を迎える看護師は、患者に病院のルールをいろいろと教えようとしませんか。看護師は入院患者に病棟オリエンテーションをしますが、そこには病棟のルールに従うことを期待している気持ちがあるのではないでしょうか。一方、患者宅を訪問する時は看護師のほうが緊張します。「失礼のないように」とか「どこに座ったらよいのか」など、いろいろと考えることになります。

### ●患者の"その人らしさ"を見つけやすい

在宅で出会う患者は病院での姿とはかなり違うなと感じます。多くの訪問看護師が、その経験を語っています。その人らしい姿が場を移すことで初めてみえてくるのですね。これは、病院

という場で、限られた短い時間でのかかわりだけでみようとするのは限界だということです。「訪問看護はその人らしさを支える」と表現されることがよくありますが、その人らしさを見つけやすい環境におかれているのだと思います。

### ●先を読む力が試される

ところで、「訪問に行って何をしているの？」とよく聞かれることがありますが、訪問看護師は病棟のように毎日訪室するわけではありません。病状が落ち着いている人には、週に1、2回訪問するのが平均的です。訪問した看護師は、次回の訪問まで何も起こらないように万全を尽くして帰ってきます。例えば、寝たきりで褥瘡がある人であれば、2日後の訪問までに傷の処置ができる環境が整っているのか、それまで訪問計画を変更する必要がないか、必要物品は揃っているか、予測されるリスクについて本人や家族が理解しているか、といったことを確認するのです。病棟よりも時間的に長いスパンで、その人の安全管理を行うわけですから、先を読む力が試されます。

患者は物理的に看護師や医師から離れているわけですから、早目早目の対応が求められます。その人の身体的状態、精神的状態をアセスメントし、さらにチームとしてそれぞれのメンバーが何を実施すればよいのかをひも解いていき、訪問計画につなげていかなければなりません。在宅では病院のように「退院」を一つの目標にするのではありません。ADL*の改善や症状の改善といった具体的な目標をしっかり掲げて、メリハリのある看護を実践していきたいものです。

\* Activities of Daily Living（日常生活動作）

## Q:15 毎日、どういう仕事をするのですか

**A** 実際にある訪問看護ステーションに勤務する訪問看護師の1日をみてみましょう（表1-2）。

なお、表1-2に示す業務のほかに、病院での退院調整会議に参加することもあります。主治医や他機関との連絡・調整は訪問看護師の大きな役割です。また記録物には、日々行うもののほかに、月ごとに作成する訪問看護計画書、訪問看護報告書などもあります。加えて管理者は、新規に依頼された利用者の調整を図ったり、事業所運営に関する業務も行うことになります。

**【表1-2】訪問看護師の1日のスケジュール（例）**

| 8：30 | 出勤 | 訪問先のお宅に合わせた物品を訪問かばんに詰め、身支度を整えます。 |
|---|---|---|
| 8：40 | ミーティング | 前夜変化のあった方の報告をはじめ、利用者さんの情報共有、申し送りをします。 |
| 9：00 | 移動 | まずは車で15分のAさん宅に訪問です。 |
| 9：15 | 訪問看護【1件目】 | Aさんは胃がんのため、中心静脈栄養法を行っています。輸液ラインの交換、静脈カテーテル刺入部位の皮膚の消毒をし、併せて清拭を行って約60分のケアが終了です。 |
| 10：15 | 移動 | 2件目のBさん宅に向かいます。 |
| 10：30 | 訪問看護【2件目】 | 膀胱留置カテーテルが留置され、仙骨部に軽度の発赤がある方です。膀胱洗浄を行い、おむつのあて方をご家族に指導しました。 |
| 11：30 | 移動 | ステーションに戻ります。 |
| 11：45 | ケアマネジャーに報告・相談 | Bさんの仙骨部の状況をケアマネジャーに電話で報告。体圧分散目的のマットの種類について相談します。 |
| 12：00 | 昼食 | ほっと一息。戻ってきた他のスタッフと、利用者さんの相談をしながら食事です。 |
| 12：50 | 記録 | 午前中の記録をします。 |
| 13：00 | 移動 | 3件目は、脱水傾向のあるCさん宅です。ステーションから近いので、自転車で向かいます。 |
| 13：15 | 訪問看護【3件目】 | ご家族と嚥下の状況を確認し、口腔ケアを行います。頑張っても、1日の水分摂取量は300mL程度です。 |
| 14：15 | 移動 | ステーションに戻ります。 |
| 14：30 | 主治医に報告・相談 | Cさんの主治医に報告です。1週間の水分摂取量の減少が著しいため、点滴の実施等を含めた今後の対応策の相談をしました。 |
| 15：30 | 移動 | 4件目のDさん宅に向かいます。 |
| 15：45 | 訪問看護【4件目】 | 排便困難な方で、定期的に浣腸をしています。 |
| 16：15 | 移動 | 本日の訪問終了。ステーションに向かって一生懸命自転車をこぎます。 |
| 16：30 | 報告・記録 | ステーション到着。管理者と待機スタッフに、AさんからDさんそれぞれの状況を報告し、記録を行います。 |
| 17：00 | 退勤 | 本日の定期業務終了。お疲れさまでした！ |

　病院と大きく異なるのは、月末から翌月10日までに記載・提出する保険請求（レセプト）業務です。訪問看護の実績を収入とする大切な仕事です。多くのステーションでは、事務職員がレセプト業務を行っていますが、少なくとも管理者は制度や請求内容を理解し、健全な経営および経営の安定化を図る力量が求められます。

### Q:16 個人で、患者・利用者宅に訪問して看護することができるのですか

**A** 　訪問看護は「制度内事業」ですから、個人で公的なサービスを提供することはできません。医療機関、もしくは

訪問看護ステーションから提供することが必要です。都道府県知事等の指定のもとに公的なサービスとして実施できるものです（参照▶Q64）。

## Q:17 訪問看護に関係する法律・制度はどういうものがありますか

**A** 訪問看護ステーションの立ち上げ、報酬請求、実際の運営など、それぞれの場面で知っておくべき法律等があります。ここではその名称を確認しておきましょう（表1-3）。

**【表1-3】訪問看護関連の法制度等**

| ①訪問看護ステーションの立ち上げに関するもの | ・介護保険法<br>・健康保険法 |
|---|---|
| ②働くスタッフの免許や資格に関するもの | ・保健師助産師看護師法<br>・理学療法士及び作業療法士法<br>・言語聴覚士法 |
| ③介護報酬・診療報酬の請求に関するもの※ | ・医科診療報酬点数表<br>・介護給付費単位数表 |
| ④訪問看護ステーションの経営・運営に関するもの | ・雇用保険法<br>・労働基準法<br>・生活保護法<br>・高齢者虐待の防止、高齢者の養護者に対する支援等に関する法律<br>・児童虐待の防止等に関する法律<br>・個人情報の保護に関する法律 |

※原則として、介護報酬（介護保険）は3年に1回、診療報酬（医療保険）は2年に1回の改定があるため、注意が必要です。また、医療保険には関連の各種法律があり、それぞれについて情報を収集する必要があります。

## Q:18 訪問看護の"面白さ"は何ですか

**A** 訪問看護を経験した看護師の多くは、「訪問看護は面白い！」と言います。個人により訪問看護を選んだ理由はさまざまで、また"面白さ"の内容は違いますが、その声を拾ってみると、次のとおりです。

● **生活の場で看護ができる**
・病院の中とは違って、自宅という生活の場での看護は新鮮

- 生活の場に合ったリハビリテーションができる

● 季節感や"地域"を実感できる
- 春は芽吹きや開花、秋は紅葉と、自然の中で季節を実感することができる。暑さ・寒さで大変な時期もあるが、開放感がある
- 病院勤務ではなかなかわからない"地域"の中にいることが実感でき、そこでの看護の役割を考えることができる

● 利用者と豊かにかかわることができる
- 患者・利用者の生きる強さを感じることができる
- 利用者から元気と喜びを教えてもらうことが多々ある
- 自分の訪問を、うれしそうに待っていてくれる
- 人と人が触れ合うということが実感できる
- 「看護師さん」ではなく、「○○さん」と自分の名前で呼ばれる

● 看護の幅の広がりを実感できる
- 多職種との「連携」がとても大事であり、看護の枠組みだけにとらわれず、柔軟な発想や幅広い視野をもたらしてくれる
- 1人で訪問して自分で判断して看護を行うので責任は重いが、それ以上にやりがいがある
- 住み慣れた状態で誰もが過ごせる「地域づくり」にもつなげることができる
- チームで利用者を支える実感がもてる

● 自分自身が人間として成長できる
- 地域で活動することで、「人としての幅」や「ものの見方」が広がる
- 視野が広がる
- 自分の価値観や死生観が変わる場面や出会いが少なくない

## Q:19 訪問看護での"苦労"は何ですか

**A** 同じ事象でも"楽しい！"と感じる人もいれば、"苦労"ととらえる人もいます。ここでは、多くの看護師が"苦労"と考えていることを列記してみます。

● 訪問看護を理解してもらえないこと
- 「訪問看護は何をするのか」がなかなか伝わらない。病気を

診てもらうのは医師、介護をしてもらうのはヘルパーという認識が強い
- 社会的に認知度が低い。訪問看護がまだまだ知られていない
- 医療的な観察のもとで、身体の消耗を少なくし、回復を手助けするという訪問看護の役割を理解してもらうことが難しい
- 「もう少し早く訪問看護を開始していれば……」と思うことがよくある。必要なタイミングで訪問看護が入るには、まず入り口であるケアマネジャーや地域包括支援センターのスタッフに、導入のタイミングを理解してもらえるようリーフレットをつくるなど、気軽に相談してもらえる関係づくりが大切

● **外回りであることのつらさ**
- 季節（夏場、冬場）の変化が身にしみる
- 移動に体力、神経をつかう
- 交通事故やセクシャルハラスメントのリスクがある
- 利用者の訪問が長引いて、昼食がとれないことがある

● **1人で訪問することの不安**
- 訪問先は密室であること
- 1人で訪問して判断しなければならないことが大変
- 1人での訪問ではできることに限界があり、助けがほしい時に困ることがある

● **利用者を理解することの難しさ**
- 利用者のこれまでの生き方を尊重・理解することが、特に訪問看護を始めたばかりの看護師にはなかなか難しい
- 病院の看護では患者の抱える疾患や問題点をみることが中心であったが、訪問看護では生活全体を通した視点でみることがより優先的に求められる。その切り替えをどうしていくかがカギとなる

● **「契約」という関係での仕事の窮屈さ**
- 周囲の人が「訪問看護が必要」といくら思っても、利用者や家族が必要と思わないと、利用されない
- 利用者との「契約」であること。看護師は事務的・営業的な業務とはかけ離れたところで仕事をしてきたため、誰もが最初は苦労する
- 時間を常に意識しなければいけない

---

**アドバイス**

**ある訪問看護師の言葉**
訪問看護の仕事の魅力を知る看護師が増え、担い手が増えれば、超高齢社会も、在宅療養の推進で乗り切れる！

## Point 3 「訪問看護ステーション」を理解しよう

**Q:20** 「訪問看護ステーション」とは具体的にどういうものですか

**A** 訪問看護ステーションとは、訪問看護を実施する事業所のことです。別な言葉で表現すると、「医療機関から独立して、地域での生活を支援する看護師集団の事務所・事業所」といえるでしょう。看護師が中心となった事業所で、管理者は看護師または保健師です(参照▶Q7,Q36)。医療保険と介護保険両方の対象者へ訪問看護を行い(参照▶Q26)、在宅で生活する患者・利用者の在宅療養生活を支援します。

訪問看護ステーションができる前までの訪問看護は、主に医療機関からの訪問看護と自治体での訪問看護指導事業の2つでした。しかし、多様な在宅療養者を支援するために、医療機関などとは別に新たに独立した存在(事業所)として、訪問看護ステーションは創設されました。

その内容は、かかりつけの医師の指示に基づいて、看護師が家庭(居宅・在宅)を訪問し、適切な医療ケアやリハビリテーション、日常生活指導、あるいは家族への療養上のアドバイス

【表1-4】訪問看護ステーションが提供する主なサービス

| | | | |
|---|---|---|---|
| 療養上の世話 | 身体の清拭、洗髪、入浴介助、食事や排泄などの介助・指導 | 医師の指示による医療処置 | かかりつけ医の指示に基づく医療処置 |
| 病状の観察 | 病気や障がいの状態、血圧・体温・脈拍などのチェック | 医療機器の管理 | 在宅酸素、人工呼吸器などの管理 |
| ターミナルケア | がん末期や終末期などでも、自宅で過ごせるよう適切なケア | 褥瘡予防・処置 | 褥瘡防止の工夫や指導、褥瘡の処置 |
| 在宅でのリハビリテーション | 拘縮予防や機能の回復、嚥下機能訓練等 | 認知症ケア | 事故防止など、認知症介護の相談・工夫のアドバイス |
| 家族等への介護支援・相談 | 介護方法の指導ほか、さまざまな相談対応 | 介護予防 | 低栄養や運動機能低下を防ぐアドバイス |

[出典]全国訪問看護事業協会ホームページ「訪問看護とは？」(http://www.zenhokan.or.jp/nursing/index.html)より改変

等を提供することなどです(表1-4)。

## Q:21 訪問看護ステーションはいつ頃できたのですか

**A** 急激な高齢化による寝たきり老人等、要介護老人の増加に対応した在宅介護の基盤整備の一環として、1991（平成3）年9月、老人保健法の一部改正が行われました。この改正の中で、老人が医療を受ける場として、病院だけでなく新たに「家庭」（居宅・在宅）が位置づけられ、その考えのもとに、1992（平成4）年4月より老人訪問看護制度が開始され、訪問看護事業所（訪問看護ステーション）が創設されました。

その後、1994（平成6）年の健康保険法等改正において訪問看護制度の対象者の枠が拡大されました。さらに、2000（平成12）年の介護保険制度の創設で「指定居宅サービス」に該当するものとして位置づけられ、2006（平成18）年の同制度の改正において介護予防訪問看護が始まりました。そして2012（平成24）年現在、訪問看護ステーションは創設されてから20年になりました。

参照 ▶ Q12

## Q:22 「訪問看護事業所」と「訪問看護ステーション」はどう違うのですか

**A** 「訪問看護事業所」と「訪問看護ステーション」はほぼ同意語ですが、具体的には、都道府県等に申請をして認められた訪問看護ステーションが「訪問看護事業所」であり、介護保険法においては「指定訪問看護事業所」または「指定訪問看護ステーション」といいます。

なお、訪問看護は「訪問看護事業所」（訪問看護ステーション）からだけでなく、「医療機関」から行うこともできます。医療機関（病院・診療所）では、特段の申請をしないでも「みなし指定」となり、訪問看護を実施することが可能なので、介護保険下では、「指定訪問看護を提供する医療機関」という位置づけとなります。

● 訪問看護ステーションからの訪問看護

　訪問看護ステーションは、都道府県等に指定申請を行い（参照 ▶Q64）、都道府県知事等が認可して初めて事業（訪問看護）をすることができます。実施主体は、地方公共団体、医療法人、社会福祉法人、地域の医師会、看護協会、そのほか以前は厚生大臣が定めるものとなっていましたが、1998（平成10）年12月より営利法人、NPO法人なども条件を満たしていれば開設できるようになるなど、制度の枠が拡大されました。

● 医療機関（病院・診療所）からの訪問看護

　医療機関の看護師等が医師の指示を受けて訪問看護を実施しますが、記録の方法や報酬など訪問看護ステーションとの違いはさまざまにあります。また、要介護認定を受けている利用者には、ケアマネジャーと連携を取ってケアプランに組み入れ、訪問看護を提供します。

## Q:23 全国にどのくらいの訪問看護ステーションがあるのかなど、概況を教えてください

**A**　2012（平成24）年で創設20年目を迎え、訪問看護ステーションの概況は以下のようになっています。

● 訪問看護ステーション数

　全国の訪問看護ステーション数は、2012（平成24）年4月現在、6,502カ所あります（ただし休止している数は204カ所）*。国は、1999（平成11）年に9,900カ所の目標値を出していましたが、やや足踏み状態です。年次推移は図1-1のとおりで、2000（平成12）年の介護保険制度開始以前は順調に増加しましたが、実際にスタートしてからは微増傾向です。

● 設置状況

　地域偏在があり、2005（平成17）年時点で、全国の約半数の市町村に訪問看護ステーションが設置されていない状況となっています**。概していえば、都市部に多く、地方は少ないということができます。

＊　全国訪問看護事業協会：平成24年4月1日現在訪問看護ステーション数調査，http://www.zenhokan.or.jp/pdf/new/h24-research.pdf

＊＊　全国訪問看護事業協会：平成18年度厚生労働省老人保健健康推進等事業　訪問看護ステーションに係わる介護保険サービスにおける看護提供体制のあり方に関する研究：訪問看護サービスの需要と供給に関する研究

**【図1-1】訪問看護ステーション数の年次推移**

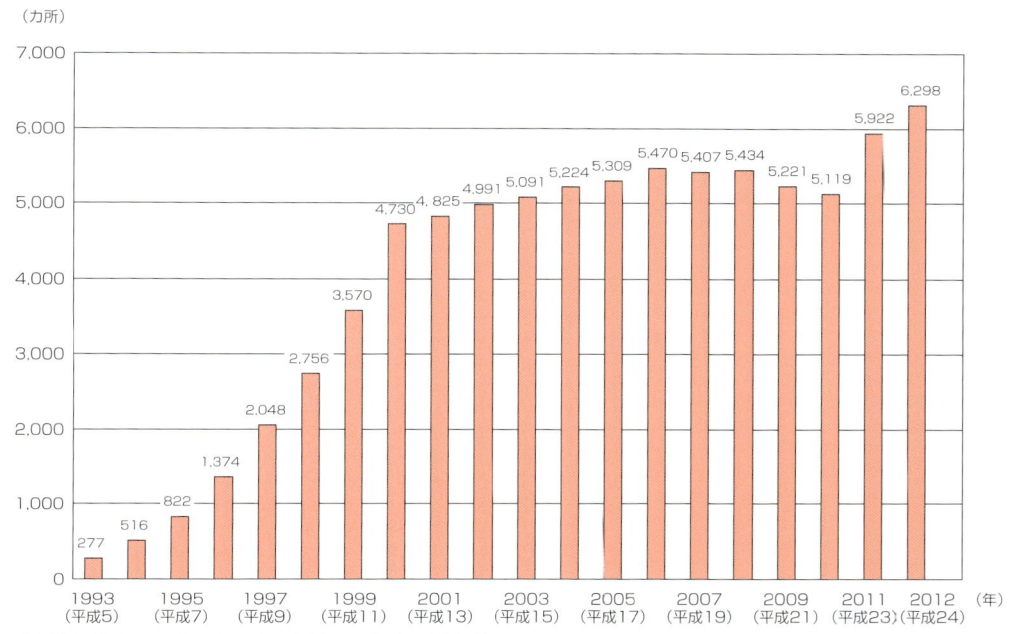

(カ所)

| 年 | カ所数 |
|---|---|
| 1993（平成5） | 277 |
| 1995（平成7） | 516 |
| 1997（平成9） | 822 |
| 1999（平成11） | 1,374 |
| 2001（平成13） | 2,048 |
| 2003（平成15） | 2,756 |
| 2005（平成17） | 3,570 |
| 2007（平成19） | 4,730 |
| （平成20） | 4,825 |
| 2009（平成21） | 4,991 |
| （平成22） | 5,091 |
| 2011（平成23） | 5,224 |
| （平成24） | 5,309 |
| | 5,470 |
| | 5,407 |
| | 5,434 |
| | 5,221 |
| | 5,119 |
| | 5,922 |
| | 6,298 |

[出典] 平成5年〜平成11年：訪問看護実態調査（統計情報部）
平成12年〜平成22年：介護サービス施設・事業所調査（統計情報部）
平成23年〜平成24年：訪問看護ステーション数調査（全国訪問看護事業協会）

### ●利用者数

訪問看護の利用者数の年次推移は図1-2のとおりで、2011年現在、介護保険利用者数は約28万人で、全体的には微増となっています。

### ●訪問看護師数

訪問看護師数は、平成22（2010）年現在で約3万人＊と、看護職全体の2％の割合です。まだまだ訪問看護師数が不足しています。

### ●利用者1人あたりの訪問回数

利用者1人あたりの1カ月の平均訪問回数6.2回です（医療保険7.7回、介護保険5.7回）＊＊。

＊　平成22年衛生行政報告例

＊＊　平成22年介護サービス施設・事業所調査

**【図1-2】訪問看護利用者数の年次推移**

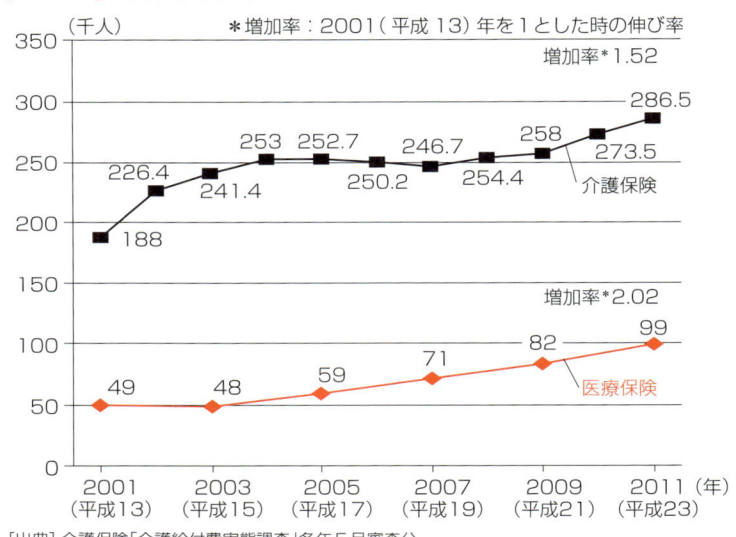

（千人）　＊増加率：2001（平成13）年を1とした時の伸び率

介護保険　増加率＊1.52
- 2001（平成13）：188
- 2003（平成15）：226.4
- 2005（平成17）：241.4
- 2005（平成17）：253
- 2007（平成19）：252.7
- 2007（平成19）：250.2
- 2009（平成21）：246.7
- 2009（平成21）：254.4
- 2011（平成23）：258
- 2011（平成23）：273.5
- 286.5

医療保険　増加率＊2.02
- 2001（平成13）：49
- 2003（平成15）：48
- 2005（平成17）：59
- 2007（平成19）：71
- 2009（平成21）：82
- 2011（平成23）：99

[出典] 介護保険「介護給付費実態調査」各年5月審査分
医療保険「保険局医療課調べ」（2001［平成13］年のみ8月、他は各年6月審査）

## Q:24 どういう設置母体が多いのですか。また、株式会社が増えているって本当ですか

**A** 設置母体は、制度創設時から医療法人が多くを占めていましたが、図1-3に示すように、2010（平成22）年のデータでは医療法人に次いで多いのが営利法人（株式会社）と

**【図1-3】訪問看護ステーションの設置母体**

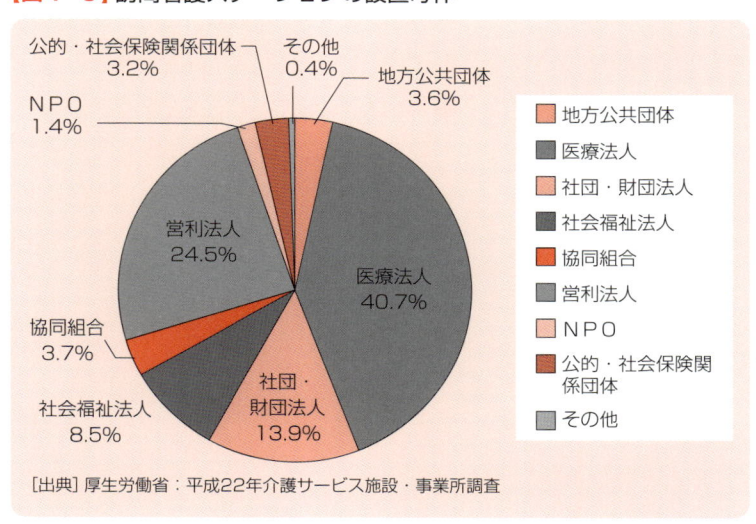

- 医療法人　40.7%
- 営利法人　24.5%
- 社団・財団法人　13.9%
- 社会福祉法人　8.5%
- 協同組合　3.7%
- 地方公共団体　3.6%
- 公的・社会保険関係団体　3.2%
- NPO　1.4%
- その他　0.4%

[出典] 厚生労働省：平成22年介護サービス施設・事業所調査

なっており、NPO法人は1.4%となっています。

1998（平成10）年12月に規制緩和が行われ、民間会社、NPO法人も条件を満たしていれば訪問看護ステーションを開設できるようになり、制度の枠が拡大されたことで、株式会社が参入するようになりました。その結果、営利法人の割合が多くなっているのは確かです。

最近では、看護職が株式会社やNPO法人などを立ち上げ、訪問看護事業を行うケースも多くなっています。

## Q:25 どれぐらいの規模の事業所が多いのですか

* 平成22年介護サービス施設・事業所調査

**A** 全国の訪問看護事業所の平均職員数は5.7人*、つまりおおよそ5人前後といえます。これは看護師だけではなく、事務職員や理学療法士など他の職種も含まれています。規模別状況では、職員が5人未満のステーションが全体の54.6%、7.5人以上は19.5%と小規模な事業所が多い実態です（図1-4）。

統計でみると、事業所の規模が小さいほど収支状態は悪いといえます（参照▶Q30）。

【図1-4】職員※数規模別にみた事業所数の構成
（2007［平成19］年11月1日現在）

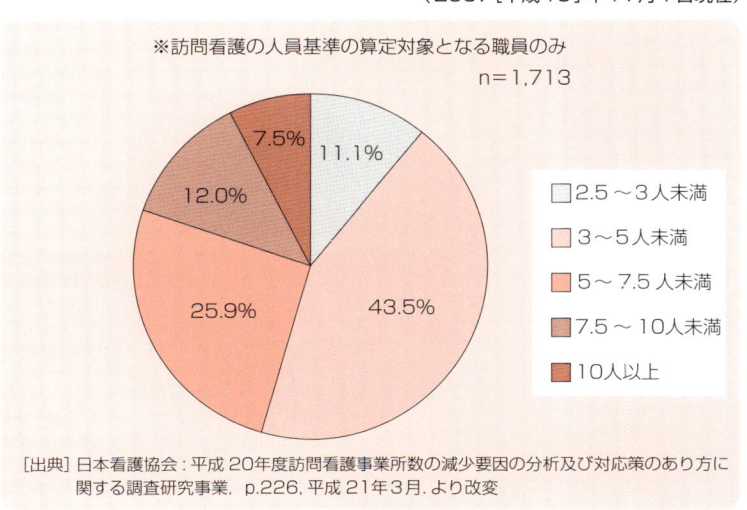

※訪問看護の人員基準の算定対象となる職員のみ
n=1,713

- 2.5～3人未満: 11.1%
- 3～5人未満: 43.5%
- 5～7.5人未満: 25.9%
- 7.5～10人未満: 12.0%
- 10人以上: 7.5%

［出典］日本看護協会：平成20年度訪問看護事業所数の減少要因の分析及び対応策のあり方に関する調査研究事業，p.226，平成21年3月．より改変

## Q:26 訪問看護の適用は、医療保険ですか、介護保険ですか

**A** 訪問看護は介護保険法と健康保険法の2つの法律にわたっていることから、双方の保険から保険給付を受けることになっています（図1-5）。全国の現状では、訪問看護の利用者（表1-5）のうち、介護保険の対象者は約76％、医療保険の対象者は約24％となっています＊（参照▶Q13）。

＊ 平成22年介護サービス施設・事業所調査

### 【図1-5】2つの保険給付（医療保険・介護保険）を受ける訪問看護

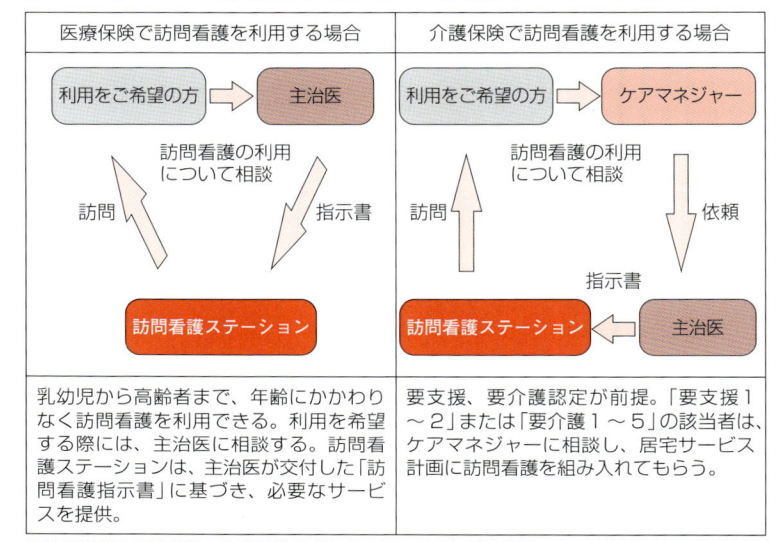

| 医療保険で訪問看護を利用する場合 | 介護保険で訪問看護を利用する場合 |
|---|---|
| 利用をご希望の方 → 主治医<br>訪問看護の利用について相談／指示書<br>訪問 ↑↓<br>訪問看護ステーション | 利用をご希望の方 → ケアマネジャー<br>訪問看護の利用について相談／依頼<br>訪問 ↑　指示書<br>訪問看護ステーション ← 主治医 |
| 乳幼児から高齢者まで、年齢にかかわりなく訪問看護を利用できる。利用を希望する際には、主治医に相談する。訪問看護ステーションは、主治医が交付した「訪問看護指示書」に基づき、必要なサービスを提供。 | 要支援、要介護認定が前提。「要支援1〜2」または「要介護1〜5」の該当者は、ケアマネジャーに相談し、居宅サービス計画に訪問看護を組み入れてもらう。 |

※訪問看護は医療保険、介護保険のどちらでサービスを受ける場合も、主治医の指示書が必要。
[出典] 全国訪問看護事業協会ホームページ「訪問看護とは？」（http://www.zenhokan.or.jp/nursing/index.html）より改変

### 【表1-5】訪問看護ステーションの利用者

| | 介護保険 | 医療保険 |
|---|---|---|
| 関連法規 | 介護保険法 | 健康保険法、高齢者医療確保法 |
| 保険給付 | ・介護報酬<br>・予防給付<br>　（居宅介護サービス費） | 診療報酬（訪問看護療養費） |
| 対象者 | 要介護認定を受けている方<br>（要支援1〜2、要介護1〜5） | ・0歳〜40歳未満の方<br>・40歳〜65歳未満で特定疾病以外の方<br>・65歳以上で介護保険非該当の方<br>・要支援・要介護者のうち、末期の悪性腫瘍および厚生労働大臣の定める疾患の方、または特別訪問看護指示書のある方 |
| 利用者負担 | 1割 | 1割〜3割 |

医療機関の訪問看護と訪問看護ステーションの訪問看護では報酬単価が異なります。

両方の保険にわたっているために、どちらの対象になるかなど複雑でわかりにくい部分があるのですが、実際に立ち上げて事業を開始するときには、成書などで詳しく理解する必要があります。

## Q:27 訪問できるのは看護師だけですか

**A** 制度上、訪問看護ステーションに従事する職員として、保健師・看護師・准看護師・助産師・理学療法士・作業療法士・言語聴覚士・看護補助者が位置づけられており、実際にこれらの職種が訪問した場合、報酬請求できます。

なお、人員基準*において、管理者は「専従の保健師・助産師・看護師」と定められており（第3条）、また「看護職の人員は常勤換算2.5人以上配置すること」「理学療法士・作業療法士・言語聴覚士に関しては、実情に応じて適当数配置すること」となっています（第2条）。

\* 指定訪問看護の事業の人員及び運営に関する基準

## Q:28 収入はどこから入ってくるのですか

**A** ●収入の種類――保険収入と保険外収入

訪問看護ステーションの収入は大きく分けて2種類あり、1つは保険収入、もう1つは保険外収入になります（図1-6）。保険収入は、医療保険（診療報酬）と介護保険（介護報酬）での事業によるものです。一方、保険外収入とは、上記保険以外の収入で、以下のようなものがありますが、実際には非常に少ないです。

・訪問看護ステーションの運営規定で定めた自費でのサービス（営業日以外の訪問、死後の処置、交通費など）
・自治体などからの委託業務費（一人暮らし高齢者巡回健康相談など）
・寄付金

31

【図1-6】訪問看護ステーションの収入内訳

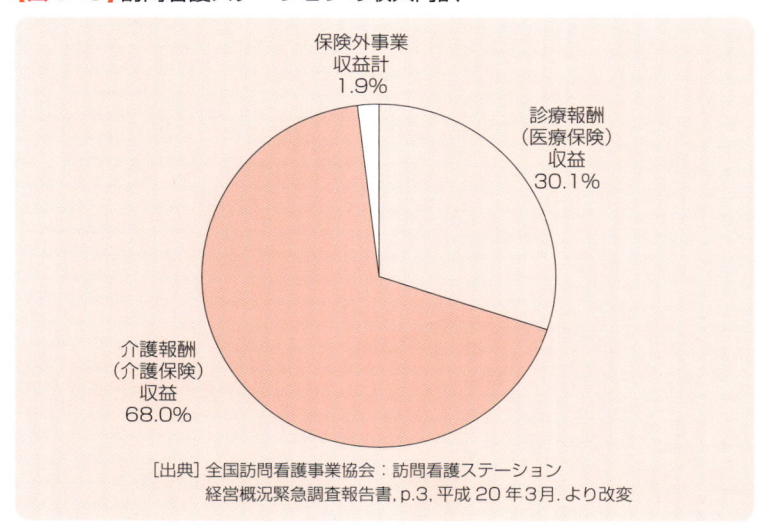

```
保険外事業
収益計
1.9%

診療報酬
（医療保険）
収益
30.1%

介護報酬
（介護保険）
収益
68.0%
```

[出典] 全国訪問看護事業協会：訪問看護ステーション
経営概況緊急調査報告書, p.3, 平成20年3月. より改変

### ●収入のしくみ──利用者の支払い、保険者の支払い

　別な視点で、具体的にどのような収入かというと、1つは訪問看護利用料の自己負担分です。医療保険での訪問看護を受けている場合、その方の負担割合（3割など）に応じて、病院を利用した場合と同じように訪問看護事業所に支払われます。介護保険の場合は、利用したサービス料の1割の自己負担です。支払方法は、1カ月ごとに現金や銀行引き落としなどですが、職員が集金する場合もあります。

　もう1つは、医療保険・介護保険での訪問看護料として社会保険診療報酬支払基金を通じて保険者から支払われるものです。実施した内容を翌月上旬に保険請求して、それが審査されて3カ月後に通帳に入金されます。

　正規の順を踏んで、相応の内容で訪問看護を実施すれば確実に収入が入ってくるしくみになっています。

## Q:29 収支の構造はおおよそどうなっているのですか

### A ●訪問看護ステーションの収入

　訪問看護ステーションの収入は、訪問看護を実施した回数に応じて、医療保険・介護保険から支払われます。収入は、現状では医療保険が3割、介護保険が7割程度を占めます（参照

▶Q28）。

　医療保険は、1回の訪問が30分〜1時間半で、おおむね8,000円〜9,000円の単価となりますが、さまざまな加算によって単価は変動します。また、介護保険は、20分、30分、60分、90分など訪問時間により報酬（料金）が違います。それに加算などが関係するので一概には言えません。その他の収入として、利用者との相対契約（自費）で設定していただくことはありますが、全体からみれば少額です。

●訪問看護ステーションの支出

　訪問看護ステーションの支出で、かなりの部分を占めるのが人件費です(図1-7)。支出の80％以上というステーションも少なくありません。だからといって、人件費は訪問看護師の給与そのものですから、そこを減らすことのない運営を行うべきです。十分な給与を支給して、訪問看護師にそれに見合ういい仕事をしてもらうという姿勢が必要だと思います。

　その他の支出としては、事務所の家賃、自動車維持費などの経費が挙げられます。

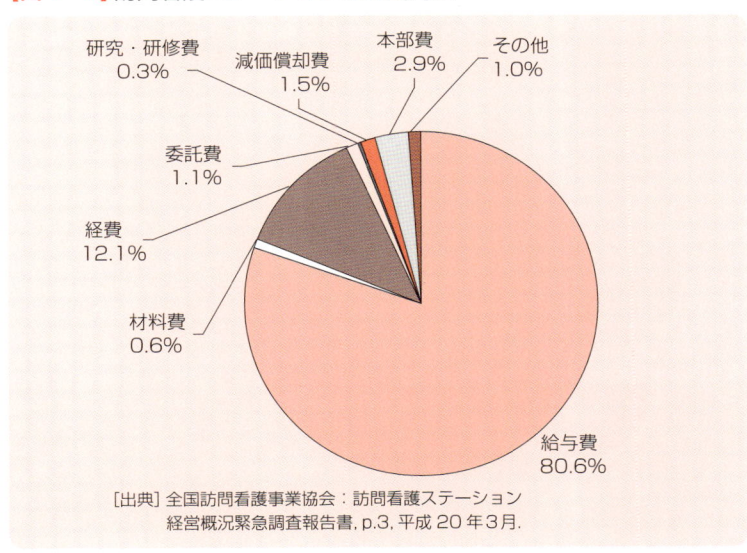

【図1-7】訪問看護ステーションの支出内訳

- 研究・研修費 0.3%
- 減価償却費 1.5%
- 本部費 2.9%
- その他 1.0%
- 委託費 1.1%
- 経費 12.1%
- 材料費 0.6%
- 給与費 80.6%

[出典] 全国訪問看護事業協会：訪問看護ステーション経営概況緊急調査報告書, p.3, 平成20年3月.

　例として、2カ所の訪問看護ステーションの1カ月の収支を挙げてみます(表1-6)。

　利用者宅に訪問看護を実施して"いくら"という仕事という意味で、収支構造としては非常にシンプルな経営といえます。

33

**【表1-6】訪問看護ステーションの1カ月分の収支概要の例**

●A訪問看護ステーション：利用者数100名（医療保険25名、介護保険75名）

| 収入 | 677万円 | | ◆医療保険：220回<br>◆介護保険：30分未満　　　　30回<br>　　　　　　30分～60分　　350回<br>　　　　　　60分～90分　　　50回 |
|---|---|---|---|
| 支出 | 548万円 | 480万円 | 人件費※<br>・看護師12名（常勤7名、非常勤5名）<br>　（届出の人数　常勤換算9.2名）<br>・事務パート1名 |
| | | 68万円 | 事業費費用など |
| 経常利益 | 129万円 | | |

※人件費は常勤看護師1人50万円で計算

●B訪問看護ステーション：利用者数60名（医療保険10名、介護保険50名）

| 収入 | 320万円 | | ◆医療保険：70回<br>◆介護保険：30分未満　　　　25回<br>　　　　　　30分～60分　　230回<br>　　　　　　60分～90分　　　25回 |
|---|---|---|---|
| 支出 | 310万円 | 260万円 | 人件費※<br>・看護師6名（常勤4名、非常勤2名）<br>　（届出の人数　常勤換算5名）<br>・事務パート1名 |
| | | 50万円 | 事業費費用など |
| 経常利益 | 10万円 | | |

※人件費は常勤看護師1人50万円で計算

---

**Column**

**「税理士」と「社会保険労務士」**

　訪問看護ステーションを設立すると、法人として納税が必要になり、税務に関して専門的な事柄も必要になってきます。そのため、経営者が看護師であり、かつ訪問看護を実践しながらの場合には、税理士と契約することも必要になってくるかもしれません。その場合は、地域の税理士会に相談してみるとよいでしょう。

　また、社会保険労務士とは、企業からの依頼により、職員の入退職の手続など人事雇用・労務全般の事務処理を行う国家資格です。委託契約を結ぶことにより、相談可能になります。職員の労働環境を整えることは、経営者として大切な役割です。

## Q:30 全国的にみた訪問看護ステーションの収支は、黒字ですか、赤字ですか

**A** 2012（平成24）年現在、全国には約6,000カ所の訪問看護ステーションがありますが、その収支状況は図1-8のとおりです。訪問看護ステーションの約7割は黒字経営で、3割が赤字です。

**【図1-8】訪問看護ステーションの収支状況** （2007［平成19］年11月現在）

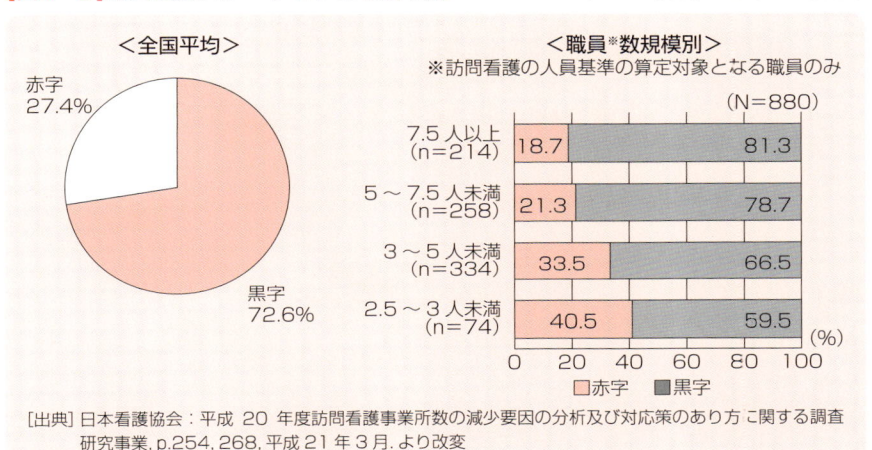

＜全国平均＞
- 赤字 27.4%
- 黒字 72.6%

＜職員※数規模別＞
※訪問看護の人員基準の算定対象となる職員のみ
（N=880）

| 区分 | 赤字 | 黒字 |
|---|---|---|
| 7.5人以上（n=214） | 18.7 | 81.3 |
| 5〜7.5人未満（n=258） | 21.3 | 78.7 |
| 3〜5人未満（n=334） | 33.5 | 66.5 |
| 2.5〜3人未満（n=74） | 40.5 | 59.5 |

［出典］日本看護協会：平成20年度訪問看護事業所数の減少要因の分析及び対応策のあり方に関する調査研究事業, p.254, 268, 平成21年3月. より改変

　収入面は、利用者数・状態像、移動時間などに関連して、おおよその予測ができます。支出面では、一番大きなウエイトを占めるのが人件費ですが、それを抑えようとすると訪問看護師の給与に目がいきます。そこで、常勤職員と非常勤職員の比率を考えて採用することになります。単純にはいえませんが、利益追求を事業の中心的課題とする事業所では人件費を下げるために非常勤比率を高くしているところも確かにあります。しかし、サービスの質とのバランスを考えて採用することが必要です。質の高い訪問看護サービスの提供を目指し、できれば常勤採用の看護師を多くして責任をもって集団で取り組むチームづくりが大事だといえるでしょう。

　事務職員をどう配置するか、また理学療法士、作業療法士、看護補助者などの訪問をどう位置づけるかなども考慮することが重要です。

## Q:31 依頼があれば、誰に対しても訪問看護をすることが可能なのですか

**A** いいえ、利用者からの直接的な依頼だけでは、訪問看護を実施することができません。実施にあたっては、必ず主治医の「訪問看護指示書」が必要になります（図1-9）。「訪問看護指示書」とは、主治医が必要と認めた対象の人のために、訪問看護ステーション（事業所）に向けて交付するものです。

なお、対象者によって、適応となる保険（医療保険か介護保険か）が異なり（参照▶Q26）、また手続きも違います。医療保険の場合は、主治医の「訪問看護指示書」が交付されればすぐに訪問看護を開始することができます。しかし介護保険の場合は、ケアマネジャーによる「ケアプラン」の中に位置づけられて初めて公費で支払われる訪問看護が可能になるのです。

**【図1-9】訪問看護サービスを受けるまでの流れ**

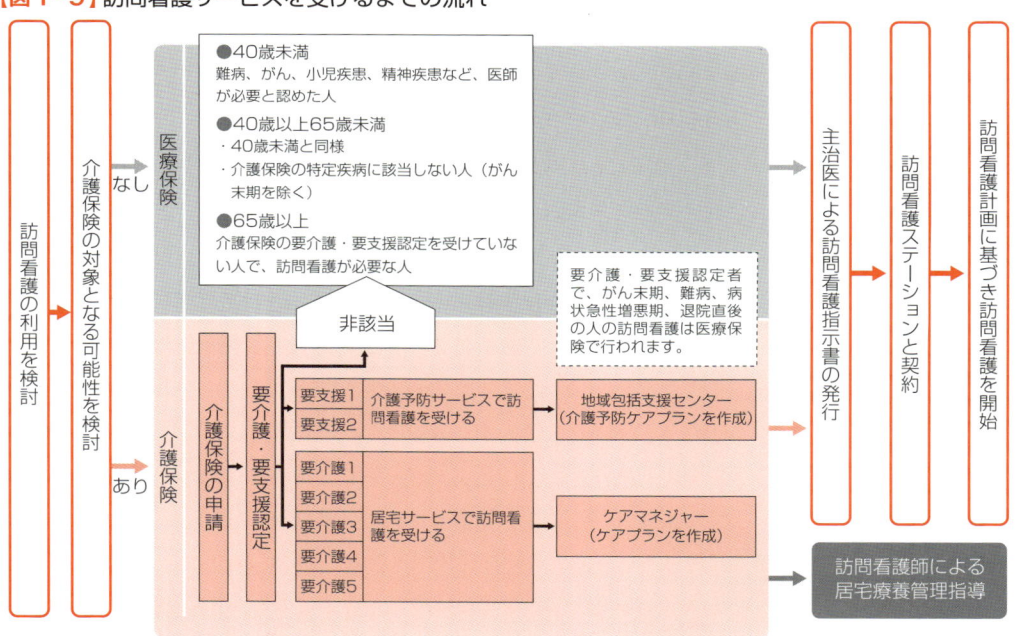

```
訪問看護の利用を検討
  ↓
介護保険の対象となる可能性を検討
  ├─ なし ──→ 医療保険
  │           ●40歳未満
  │           難病、がん、小児疾患、精神疾患など、医師が必要と認めた人
  │           ●40歳以上65歳未満
  │           ・40歳未満と同様
  │           ・介護保険の特定疾病に該当しない人（がん末期を除く）
  │           ●65歳以上
  │           介護保険の要介護・要支援認定を受けていない人で、訪問看護が必要な人
  │
  └─ あり ──→ 介護保険
              ↓
              介護保険の申請
              ↓
              要介護・要支援認定
              ├─ 非該当
              ├─ 要支援1／要支援2 → 介護予防サービスで訪問看護を受ける → 地域包括支援センター（介護予防ケアプランを作成）
              └─ 要介護1〜5 → 居宅サービスで訪問看護を受ける → ケアマネジャー（ケアプランを作成）
                                                               → 訪問看護師による居宅療養管理指導

要介護・要支援認定者で、がん末期、難病、病状急性増悪期、退院直後の人の訪問看護は医療保険で行われます。

→ 主治医による訪問看護指示書の発行 → 訪問看護ステーションと契約 → 訪問看護計画に基づき訪問看護を開始
```

[出典] 全国訪問看護事業協会：訪問看護ステーションパンフレット〜在宅で、自分らしく生きる〜, p.4-5, 2012.より改変

## Q:32 医師とはどういう連携をするのですか

**A** 訪問看護は医師と切っても切れない密接な関係にあります。主としては、訪問診療や往診をする医師、時に病棟の医師との連携ですが、以下にその特徴を示します。

### ●「指示書」「報告書」などでのつながり

「訪問看護指示書」「特別訪問看護指示書」「点滴静脈注射指示書」など、必要に応じて主治医が交付します。訪問看護ステーションは「訪問看護報告書」を毎月主治医に提出します。これは法令で義務づけられています。

### ●電話などでの情報交換

病棟と違い、同じ建物内（あるいは必ずしも近く）に医師がいませんから、電話、FAX、その他のツールで利用者の状態変化などを報告し、主治医の指示を受けて実施することになります。ですので、言葉でよく状況を説明することと、医師にコンサルテーションを求める目的や意図をしっかりと伝えることが大切です。

### ●多数の医師との連携

病院内では、ほとんどが同一法人の医師との連携になりますが、訪問看護ステーションでは、法人が違う地域の多数の医師と連携することになります。診療所・病院とさまざまですが、多いところでは50カ所の医師と連携しているステーションもあります。

開業医（クリニック）の医師との連携は実際に大変で、その医師の都合のいい時間を見計らって電話や訪問をするなど個別に主治医との連絡方法を確認・確立する工夫が必要になります。

*

日常的には以上のようですが、入院・退院、ショートステイなどの時には、特別養護老人ホームや老人保健施設など提携先の医師とも連携することになります。

いずれにしても、症状マネジメント、看取りといった観点から、診療の補助行為を実施する看護師の立場として、医師とは強固な連携が必要になります。

## Q:33 医師以外にどういう職種・サービスと連携するのですか

**A** 訪問看護は、患者・利用者が自宅で過ごすことをサポートする仕事です。医療面だけではなく、生活面のサポートについても、幅広い視野で多様な専門職・非専門職、時には地域のさまざまなインフォーマルなサービスも含めて連携することになります(表1-7)。

**【表1-7】訪問看護と連携する職種・サービス**

| 職種 | 医療関連 | ・医師（訪問診療・往診）<br>・歯科医師（歯科往診）<br>・歯科衛生士<br>・理学療法士<br>・作業療法士<br>・言語聴覚士<br>・薬剤師<br>・栄養士　　　　　など |
|---|---|---|
| | 介護・福祉関連 | ・ケアマネジャー（介護支援専門員）<br>・介護職（介護福祉士・ホームヘルパー）<br>・社会福祉士・ケースワーカー<br>・住宅コーディネーター<br>・福祉用具専門相談員　　　など |
| | その他 | 行政保健師 |
| 介護保険内外の多様なサービス | | ・訪問介護（ヘルパー）<br>・訪問リハビリテーション<br>・訪問入浴<br>・デイサービス（通所介護）<br>・デイケア（通所リハビリテーション）<br>・ショートステイ（短期入所）<br>・福祉用具支給・レンタル<br>・配食サービス<br>・移送サービス　　　　　など |

## Q:34 職員の勤務体制はどういうものですか

**A** 「訪問看護は、日勤だけの週休2日の仕事である」と思われている傾向もあるようですが、決してそんなことはありません。訪問看護ステーションの運営規定をどういう内容にするかによって、勤務形態は違ってきます。例えば、営業時間を週休2日、9時から17時までに設定すると、訪問看護師などの勤務はそれに準じて、週休2日の日勤となります。利用者の必要性に応じて、早番・遅番体制で早朝・夜間の看護ケアを

提供する体制をとっているところもあります。また土日も営業日としているところは当然、交代制勤務となります。

　勤務体制として病棟などと大きく違うのは、携帯電話での24時間365日の対応があることです。利用者の急変やさまざまな不安に即時対応するために、訪問看護師が携帯電話で対応する体制をとり、届出をすると報酬の加算＊を請求することができます。そのような届出をしているステーションでは、交代で対応する必要がありますが、当日実際に誰が担当するのかは、それぞれスタッフ（職員）の事情に合わせてシフトを組むことになります。

　この"携帯電話で対応する"ことに苦痛を感じる訪問看護師もいるようです。確かに夜間・休日の電話対応（時には利用者宅への臨時訪問）は大変なことですが、自宅で暮らす利用者が安心して在宅生活を継続できるためには、なくてはならないサービスです。少しでも訪問看護師の負担を軽減するために、全国的に事業所の大規模化を促進するなどの取り組みが行われています。そのように職員同士が協力し合い、"利用者中心"の訪問看護を実施したいものです。

＊　24時間対応体制加算および24時間連絡体制加算

## Point 4 訪問看護の経験は必要か

### Q:35 訪問看護の経験がなくても訪問看護ステーションを開設して管理者になれますか

**A** ●勉強が必要だが、チャレンジ精神も大切

　訪問看護の経験がなくても管理者にはなれますが(表1-8)、訪問看護をよくわかっていないで管理者になると、運営上も職員側からみても、不都合があるのではないでしょうか。やはり自分なりに勉強をし、研修(参照▶Q59)などをきちんと受けることをぜひともおすすめします。

　ただ、訪問看護経験がなくても訪問看護ステーションを開設し管理者になろうとチャレンジする意欲をもつこと自体は、とてもいいことだと思います。

【表1-8】訪問看護ステーションの管理者の条件

> 訪問看護ステーションの管理者は、訪問看護ステーションの統括責任者として、適切な訪問看護事業の運営を行うため、管理者として適任者であることが求められます。
> 　　　　　　　　　　　　　　(中略)
> 管理者は、原則として、医療機関において看護等や訪問指導の業務に従事した経験があり、必要な知識や技能を有し、適切な訪問看護事業の管理運営を図ることができる保健師か看護師(健康保険法の訪問看護ステーションに限っては助産師も含む。)でなければなりません。

[出典] 社会保険研究所:訪問看護業務の手引(平成24年4月版), p.16-17, 2012.

●仕事への誇り、技術、協調性が必要

　開設にあたっては、まず自分の仕事(看護)に誇りをもっているべきです。「えっ、誇りなんて、そこまでは……」と思われるかもしれませんが、きっと事業を興したいと思われたあなたには、「私ならこうしたい」といったことがあるに違いありません。そこをしっかりと自分に問いかけ、明文化してみてください(参照▶Q5)。何のために行うのか、何をしたいのか、そこが一番大事なことです。それが一般的に「理念」となるものだと思います。

　訪問看護ステーションは、看護というサービスを提供し、そ

の対価として報酬を得ています。ですから、仕事に対する誇りと同時に、看護の専門的知識と技術の質（品質）が当然のことながら大切になります。

　さらに、地域で事業所を開設するわけですから、地域の人々と良好な人間関係が築ける協調性も重要です。地域では、看護師だからというだけでは受け入れてもらえません。しかし、強い責任感と使命感があれば、地域に溶け込み事業展開できると思います。まさにチームケアを実践する一人としての、使命と役割が求められているのです。

　慣れないことなので、さまざまな壁に突き当たるかもしれませんが、事を始めるときは、何でも苦労はつきものです。病院勤務では経験できない看護の奥深さや、経営することのあれこれ多くを体験し、あなたを一回りも二回りも成長させてくれると思います。

## Q:36 病棟師長をしていましたが、訪問看護ステーションの管理者としてやっていけますか

**A** 　訪問看護の経験がなくても、制度的には看護師か保健師であれば*、訪問看護ステーションの管理者になれます（参照▶Q7）。ましてや病棟看護師長の経験者であれば、すでに人（職員・顧客）をマネジメントしてきたわけですから、その経験がステーションの管理者として活かされると思います。

　ただ、訪問看護のしくみや制度等は複雑で、事業運営、サービス管理、職員管理など多岐にわたり、一から知ることは大変な作業です。Q35でもふれましたが、訪問看護の経験のない場合は、できれば知り合い、あるいは近くの訪問看護事業所で研修する機会をもち、幅広く学び、参考にすることをおすすめします。これは、今後のネットワークを築くうえでも、とても大切になります。

　具体的に、病院との違いについては以下のとおりです。

### ●制度が異なる

　病院と訪問看護ステーションでは、何より制度の違いが大きいと思います。制度を知らないで開設することは難しいので、

＊　健康保険法の指定訪問看護事業のみを行う場合は助産師が管理者になることもできる。

『訪問看護業務の手引』（社会保険研究所刊）や本書などの参考書等**(参照▶Q59)** を熟読して知識を得ることは最低限必要だと思います。例えば介護報酬・診療報酬が過誤請求になって、支払いが遅れたりすると、受領も遅れることになります。また、悪意がないとしても実地指導の対象になり返戻となったりもしますので注意が必要です。

### ●複数の医師とのパートナーシップが必要

病院では限られた医師との関係が主になりますが、在宅の場合は所属機関が異なる複数の医師の指示を受けることになります**(参照▶Q32)**。よいパートナーシップが成立していることは利用者にとって、よい治療、療養につながりますので、医師との良好な関係が求められます。

### ●多職種との連携が必須

まず、介護職（介護福祉士・ホームヘルパー等）との緊密な関係・連携が必須です。介護職は病院の看護助手と役割が全く異なりますので、そこは注意しなければならない点です。

訪問看護は、介護をはじめとした多職種と連携・協働して、在宅療養者を支援します。看護技術以外に、ケースマネジメント力、調整力、判断力、決断力、相談機能などが特に求められます。

何より看護を行う熱意、そして地域と有機的連携をとる姿勢が訪問看護ステーションの管理者として必須であり、それがあれば必ずやっていけるのではないでしょうか。

## Q:37 訪問看護ステーションの開設者として事業を成功するために、必要な力量は何ですか

**A** まず、「私はこんな看護をしたい、こんな看護を受けてみたい」といった自らの考えをしっかりともっていることではないでしょうか。すなわち将来像、ビジョンが明確になっていることです。そのビジョン達成のためにどうすればいいのか、どうすれば近づくことができるかなどを考え、実践し、ぶれないことです。「何とかなる。とりあえずやりながら……」といった考えは少し安易すぎるかもしれません。失敗も想定し、それを引き受ける覚悟も必要ではないでしょうか。

また、何といっても看護を提供するわけですから、当然ながら看護の実践能力が最も求められます。そのうえで社会情勢に敏感で、社会性があり、コミュニケーション能力や問題解決能力をもち合わせていることが必要でしょう。

　したがって、これらを必要な力量ということでまとめると、看護力に加え、経営能力やセンスがある人ということに尽きると思いますが、こんなに何拍子も揃っている人などそう多くはいないでしょう。これらはあくまでも目指す目標であり、必ずしもすべてが整っていなくてもいいのです。

　なお、事業経営を成功するためのコツを訪問看護管理者の経験から表1-9にまとめてみました。すべて兼ね備えなければならないというものではないと思いますが、参考にしてください。

【表1-9】訪問看護事業を成功するためのコツ

① 自分自身の看護観や、確かな看護力をもっている
② 事業理念を明確にもち、職員と共有しており、ともに事業運営をしていく姿勢がある
③ 事業方針あるいは問題解決の指標は、常に利用者を中心にして考える
④ 自分たちの看護の価値を高めることに貪欲である
⑤ 職員の教育に積極性があり寛大である
⑥ 看護師の使命感をしっかり認識している
⑦ 地域、関係者と労をいとわず協力、協調できる
⑧ 社会情勢に敏感であり、事業所としてどうあるべきかを常に考えている
⑨ 事業を成功させるという気概がある

# 第2章 開設に向けたLesson

## 【Ⅰ】自分がつくりたい訪問看護ステーションのイメージづくりをしましょう

　Lesson1〜5として、自分がつくりたいと思う「訪問看護ステーションのイメージ」を確認してみましょう。まだあいまいな方は、そのイメージを改めて描いてみてください。そして、質問に対して今自分が思っていることを、正直に言葉で表現してみてください。なお、これは誰かに見せるものではなく、自分自身の中にあるものを自分で確認するものです。実際に記入してみることで、客観的に確認することになります。

## 【Ⅱ】可能性を探りましょう

　Lesson6〜9では、可能性を考えるうえで、まず準備しなければならないことを挙げてみました。「〜したつもり」になっていないか、現在の具体的な準備状況について記入してみてください。実際に記入してみることで、自分自身の準備状況を客観的に確認することになります。記入したものを見て、それでいいのかを考え直してみることをおすすめします。

# 開設に向けたLesson

## 【Ⅰ】自分がつくりたい訪問看護ステーションのイメージづくりをしましょう

### Lesson 1

どうして訪問看護ステーションを開設しようと思っているのですか

---

**※ ワンポイントアドバイス**

●常に「原点」を忘れずに

　このことが最も大切になります。準備をしていく途中で、あるいは事業展開する中で迷うことが多々あると思います。その時、「自分はなぜ新しい事業を立ち上げようと思ったのか」と原点を振り返り、しっかりと見つめ、記録しておくことです。きれいごとだけではなく、正直に表現してみることが重要です。

**Lesson 2**

## どういう訪問看護ステーションをつくりたいと思っていますか

第1部 訪問看護ステーション編 ── 訪問看護ステーションの開設を検討・計画してみましょう

### ✴ ワンポイントアドバイス

#### ●「具体的に描けるか」が何より大事な第一歩

自分がつくろうとする事業所を、具体的に頭の中に描いてみてください。
例えば、
「どんな利用者でも受け入れて、即対応できるステーション」
「がん末期の利用者の看護を得意とするステーション」
「精神障がい者に特化したステーション」
「24時間、臨時も定期も訪問するステーション」
「熟練度の高い看護師集団として7名～10名が素敵に地域を動く姿」
「職員がいつも元気にいきいきとワーク・ライフ・バランスを実現しつつ仕事をしている姿」
「経営に詳しい看護師集団で、高い報酬を確保しようという目標をもつ集団」
など、多面的に自分が望む訪問看護ステーション像を描いてみましょう。

**Lesson 3**

## 手本・モデルにしている訪問看護ステーションはありますか

**ある（具体的に）**

**ない**
⇒ 病院で魅力的な訪問看護師に会ったことはありませんか

---

### ✳ ワンポイントアドバイス

●**目標こそ、今後の「道しるべ」に**

　知人が実践しているステーションでも、雑誌に載っているステーションでも何でも構わないのですが、モデルにする（目標とする）訪問看護ステーションをもつことは一つの方法です。あてもなく、ただ訪問看護の事業を興してみたいというのではなく、自己実現するには、あるいは理想とする事業を立ち上げ展開していくには、具体的な目標をもったほうがいいでしょう。現在、日本にあるステーションではなく、もっと素晴らしいものをつくるという志の高い目標も大いにいいでしょう。

　まだモデル・目標が見つからない場合は、文献・情報誌・インターネット・人からの情報などで探してみることをおすすめします。

**Lesson 4**

## 実際にいくつか見学しましたか。
## それをどう思いましたか

### 見学した（具体的に）

### 見学していない
⇒　ぜひ一度訪ねてみましょう

---

**✳ ワンポイントアドバイス**

### ●"百聞は一見にしかず"です

　ぜひ、いくつかの訪問看護ステーションに見学に行ってみましょう。同じ地域の中のステーションはもちろんのこと、遠くてもモデルになりそうな実践をしているところに見学に行くことをおすすめします。

　まさに"百聞は一見にしかず"です。文章やうわさではわからないことでも、数日見学することにより自分のイメージが膨らんできます。時には、反面教師として勉強になることもあるのです。

第1部　訪問看護ステーション編──訪問看護ステーションの開設を検討・計画してみましょう

**Lesson 5**

## 起業について相談できる人はいますか

**いる（具体的に）**

**いない**

⇒　あなたの周りに起業した看護師はいませんか？　いない場合は、全国
　　訪問看護事業協会や日本訪問看護財団が力になれるかもしれません

---

### ☀ ワンポイントアドバイス

● **仲間がいれば、百人力**

　開設準備をする段階でも、実際に事業を開始してからでも、ちょっとしたことがわからないと時間がかかってしまいます。実際に訪問看護ステーションについて詳しくて、ちょっと相談できる人と仲よくなっておくといいでしょう。それだけで百人力です。

# 開設に向けたLesson

## 【Ⅱ】可能性を探りましょう

### Lesson 6

#### 設立法人はどうしますか

▭▭▭▭▭▭ にしようと考えています

⇒ そのメリットは何ですか

⇒ 手続の方法は

**どのように考えたらよいかわかりません**

⇒ Q38（p.56）を読んでみてください

---

✺ **ワンポイントアドバイス**

● **それぞれの法人格取得には意味がある**

「人づてに聞いた」「誰かが○○がいいと言っていた」「非営利法人のほうが利用者が集まるのではないか」など、あいまいな情報で法人を決めては後で後悔します。それぞれの法人格取得には意味があり、設立の仕方や必要資金などかなり違います。また金融機関の融資や補助金の受諾方法、税金のことなど、多様です。よく研究しましょう。

## Lesson 7
## 資金の準備はできていますか

### 資金の準備がある
⇒ それはいくらくらいですか

⇒ どうやって確保しようと考えていますか

⇒ 融資を受ける際、返済計画は立てましたか

### 資金のめどがない
⇒ Q42（p.61）を参考に、まずはどの程度資金が必要かを把握してみましょう

---

### ☀ ワンポイントアドバイス

● **資金は事業の土台です。土台づくりからしっかりと**
　まず、どのくらいの資金が必要なのかをおおまかに把握したうえで、自己資金か、金融機関からの融資か、あるいはそのほかの方法なのか、必要な資金を確保する方法を探りましょう。"当たって砕けろ"とはいきませんので、十分に計画を！

## Lesson 8

### 利用者確保のめどはありますか

#### 確保のめどがある

⇒ どのような利用者を集めたいと考えていますか

⇒ 上記の利用者を紹介してくれる医師、ケアマネジャー、退院支援部門のスタッフなどはいますか

#### どうしたらよいかわからない

⇒ Q13（p.17）をもう一度読んで、具体的な利用者像を考えてみてください。そしてぜひ訪問看護の経験者と話をしてみてください

---

### ※ワンポイントアドバイス

**●利用者確保が事業成功のカギ**

　訪問看護事業は、利用者が一定数確保できればほぼ成功します。場所をまだ確定していないのであれば、「利用者が確保できる」と予測できるところに立ち上げたほうがいいでしょう。

　客観的に高齢者が多く、利用者が多数確保できるようにみえる地域でも、実際に主治医が「訪問看護指示書」を交付してくれないと訪問看護はできません。その地域の医師の状況、また地域内の訪問看護ステーションの開設状況なども情報収集して判断しましょう。

## Lesson 9

### 職員（看護師）確保のめどはありますか

**2.5 人以上集めるめどがある**

**確保のめどがない**
⇒ Q56～58（p.72～74）を読んでみてください

---

**☀ ワンポイントアドバイス**

● **看護師一人ひとりがステーションの「看板」。周到な準備を行いましょう**

　看護師確保には、とても重要な課題が２つあります。
　１つは、募集してもなかなか応募がないことです。看護師の数が全体的に不足気味で、特に訪問看護の分野は集まりにくいこともあり、なかなか採用できなくて思うように事業展開できない事業所が少なくありません。もう１つは、看護師なら誰でもいいわけではないということです。人間性・技術など、さまざまな面で熟達度が高く信頼できる看護師を確保することが、新しく立ち上げる事業の成否を決めるといっても過言ではありません。病棟と違い、１人で訪問して判断・実施しなければなりません。"看護で勝負"の事業ですので、周到な準備が必要です。

# 第3章
# 開設にあたっての具体的な準備

　さあ、いよいよ開設の具体的な準備です。設立法人は決まりましたか？　開設資金の準備は？　利用者確保のめどは？　事務所の場所は確定しましたか？　看護師確保は大丈夫ですか？　本章では、開設準備にかかわる具体的なポイントを10項目に分けて詳しく説明します。

　準備の途中で壁にぶつかり、あきらめようかと思うことがあるかもしれません。思いがけない誤解で計画が進まなくなることがあるかもしれません。しかし、あきらめないでください。"必ず、道は拓ける！"という思いで向き合ってみましょう。何かいいアイデアが出てきたり、助けてくれる人が現れたりすることでしょう。

**Point 1　設立法人を決める**

**Q:38　どういう法人で設立できるのですか。それぞれのメリット・デメリットを教えてください**

**A**　法人の種類はたくさんあり、このうち一部の法人は個人で設立することができます。なかでも訪問看護ステーションを立ち上げる際の選択肢としては、①営利法人の中の株式会社の設立、②非営利法人の中の特定非営利活動法人（以下NPO*法人）の設立ということになるでしょう。

\* Non Profit Organization

### ●株式会社のメリット・デメリット

株式会社設立のメリットは資本金、定款があれば登記ができるため、定款に記載しておけば訪問看護事業以外の関連ビジネスも可能になり、中長期的なビジネス戦略を立てることができることです。

デメリットは、設立時に資本金が必要となることです。「1円起業」などという言葉を耳にしたことがあるかと思いますが、この方法ですと、登記ができたとしても、会社としての信用度があまりに低く、銀行からの貸付、助成金の申請など後の活動に支障が出ることが予測されますので、避けましょう。

### ●NPO法人のメリット・デメリット

NPO法人で立ち上げるメリットは、株式会社設立とは反対に、少ない資本金でスタートできることです。

デメリットは、「非営利法人」という名称に示されているように営利を目的としていないこと、また社員が10人以上いることなど、設立要件*がいくつかあることです。

\* 内閣府NPOホームページ, https://www.npo-homepage.go.jp/

\*

いずれにしても、自分が今までに行ってきた活動内容、現在の資金、今後の事業展開などを総合的に考えることが、法人を決定する際には大切です。

## Q:39 具体的に先輩の例があれば教えてください

**A** 2000（平成12）年の介護保険制度開始を機に有限会社\*で法人を設立、訪問看護ステーションを経営している看護師の例を挙げてみましょう。

### ●Aさんの場合

Aさんは都内の病院で、病棟勤務を経て訪問看護業務に携わりました。そして、それまでの看護業務の中で一番やりがいを感じ、自分に合っている仕事だと感じました。しかし、病院内では異動があるためずっと訪問看護の現場で働き続けることは難しいという不安があり、また近隣の訪問看護ステーションは非常勤の採用しかありませんでした。そこで、「自分で立ち上げてみよう」と漠然と思い立ち、具体的なイメージ、必要な物品、資金についてはどこから情報を集めてよいかがよくわからないまま、病院を辞め、準備に取りかかりました。

まず法人格をもたなくてはいけないと行政担当者から聞いたので、出資金の少ない有限会社を立ち上げることに決めました。法人設立は1999（平成11）年9月に行い、その後、2000年4月に訪問看護ステーションを設立することを目標として都道府県知事への指定申請に着手しました。

指定申請の手続を進めるのと並行して、デイサービスの看護師・副施設長の職を得ることができ、デイサービスの敷地内に訪問看護ステーションの事務所を借りることができました。そのため、地域の事業者と顔見知りになる機会に恵まれ、介護保険について勉強する機会も得ました。

10月からは、日々のデイサービスでの業務を終えた後、申請書類を作成し、またパンフレットの草案を考えるという多忙な時期でもありました。しかしAさんも含めてケアマネジャーは皆、介護保険スタートについて不安を抱えていたので、情報交換も活発で連帯感が深かったことがプラスになりました。

翌年2月には開設準備室を立ち上げ、職員の採用を開始しましたが、準備期間で収入がゼロであっても職員の給料は発生するので、2月、3月に分けて採用することにしました。

また、新規事業として「新事業開拓支援助成金」\*\*に申請して助成金を受け、車輌などの備品購入にあてることができまし

---

**アドバイス**

\* 新会社法の施行（2006［平成18］年5月1日）に伴い、有限会社を新たに設立することはできなくなりました。従来の有限会社は「特例有限会社」として存続しています。

\*\* 従来にない新サービスを提供するために、国（中小企業総合事業団、現中小企業基盤整備機構）が助成していた制度。2008（平成20）年度の募集をもって終了。

＊　同助成金はすでに廃止。現在は、中小企業の事業主が健康・環境分野などへの新分野進出等に伴い、人材を新たに雇い入れた場合に賃金相当額の一部を助成する制度として「中小企業基盤人材確保助成金」がある。問い合わせ先は、最寄のハローワークか都道府県労働局まで(http://www.mhlw.go.jp/general/seido/josei/kyufukin/chusyo_yatoi.html)

た。職員採用・業務開始後は「中小企業雇用創出人材確保助成金」＊の支給申請を行い、常勤職員の賃金にあてることができました。

　4月スタートと同時に利用者は23名となり、6月には32名と目標利用者数に近づいていきました。資金は、前述の助成金と銀行からの借入、自己資金を合わせて1,000万円程度を準備し、黒字に転じるまでには1年弱の期間を要しました。

　法人設立から12年経過した今、Aさんは「自分で経営することは想像以上に大変で、資金繰りに関してはまさに不眠の日々が続いたけれど、楽しさ・面白さも想像以上です」と話していました。

● Bさんの場合

　Bさんは、医療法人立の訪問看護ステーションの管理者経験をもち、また新設のステーションの立ち上げにも参加したものの、処遇や法人の体制に疑問を感じていました。そこで、経営も含めすべて自分でやってみたいと、2005(平成17)年3月に法人(有限会社)を設立し、7月には居宅介護支援事業所と訪問看護ステーションを開設しました。

　開設の後押しになったのは、福祉機器の事業者でケアマネジャー、デイサービスの開設を計画している人と出会い、お互いのビジョンが一致して共同経営者になったことです。事業所は共同経営者の自宅の倉庫を改造し、それぞれ150万円の自己資本に、国民生活金融公庫(現在の日本政策金融公庫)から1,000万円を借り入れ、スタートしました。

　Bさんはすでに同一地域で訪問看護を実践していたため開設時から約50名の利用者がいて、新規事業経営としては良好な滑り出しでした。看護師は新たに募集することなく、Bさんの起業に賛同した看護師5名が常勤スタッフとなり、事業をスタートしました。

　現在、事業所の規模が拡大していますが、開設当初よりかかげている「スタッフの常勤割合を高くし、全員が起業している意識をもつ」という理念が大いに活かされてきています。看護に関する教育はもちろん、営利法人での開業であるため、利用者が減ると収入減になることをスタッフには理解してもらい、一方、増えた分は賞与の形でスタッフに還元することを約束し、実行できています。今は開設当初からの事業計画であるショートステイを組み込んだ訪問看護ステーションの開設に奔走して

います。

「いろいろ大変だったけど、地域のさまざまな人との人間関係がしっかりしていたら、どんなことでも大丈夫」と笑顔で話し、今後の事業展開への想いを熱く語る姿が印象的でした。

● Cさんの場合

Cさんは、訪問看護ステーションを株式会社で運営していますが、そのステーションとはもう1つ別に、Cさん自身がNPO法人で運営しているホームホスピス（民家を活用した看取り支援のため施設）に訪問看護を提供しています（図1-10）。もともと医療法人でホスピス病棟の立ち上げを行った経験もあり、緩和ケアの認定看護師として、より実践に力を入れてみたいというのが設立動機です。ですから構想としては、ホームホスピスが先にありました。在宅での看取りに近い民家を活用した環境で、生活支援と家族が主体の看取りを支援するために開設しました。訪問看護自体は株式会社ですが、看護師がホームホスピスをNPO法人で運営し、地域の方々の力を借りて運営している事例です。

**【図1-10】NPO法人によるホームホスピスの運営**

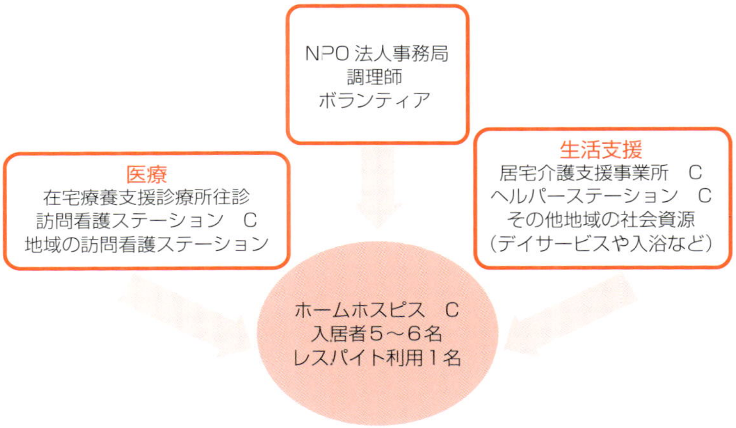

```
          ┌──────────────┐
          │ NPO法人事務局   │
          │   調理師       │
          │  ボランティア   │
          └──────────────┘
                 ↓
┌──────────────┐      ┌──────────────────┐
│ 医療           │      │ 生活支援            │
│ 在宅療養支援診療所往診│      │ 居宅介護支援事業所　C  │
│ 訪問看護ステーション　C│      │ ヘルパーステーション　C│
│ 地域の訪問看護ステーション│    │ その他地域の社会資源  │
└──────────────┘      │（デイサービスや入浴など）│
                       └──────────────────┘
                 ↓
          ┌──────────────┐
          │ ホームホスピス　C │
          │ 入居者5～6名    │
          │ レスパイト利用1名 │
          └──────────────┘
```

＊

ここでは訪問看護ステーションを立ち上げた3人の看護師の例を挙げましたが、3人とも「自分で立ち上げてよかった」と話していました。そしてさらなる事業目標をもって看護を提供し、経営者として頑張る姿も一緒でした。

## Q:40 設立法人を途中で変更することは可能ですか

A　残念ながら不可能です。ただし、自分が勤務している訪問看護ステーションの利用者をそのまま受け入れて独立するような場合であれば、新規設立法人の立ち上げと同時に現在のステーションを廃業し、利用者に移行していただくことはできます。

## Q:41 医療・介護の関連ではない会社でも、訪問看護ステーションを立ち上げることは可能ですか

A　はい、可能です。その場合、既存の会社の目的変更＊など、定款を変更する必要があります。

その後、要件を揃えて事業所の指定申請（参照▶Q64,Q65）を行います。この場合は新たに資本金が必要ではないので資金の節約になります。

例えば、あなたの配偶者や知人が経営する会社の定款を変更して訪問看護業務を追加記載し、あなたが共同経営者になるという方法があります。ただしこのような方法をとるときは、それぞれの部門別の売上ごとの報酬割合等を決めておきましょう。

> **アドバイス**
> ＊　会社の「目的」とは、その会社の「事業内容」のことです。定款に必ず記載し、また登記すべき事項とされています。そのため、新たな事業を始めるなど目的を変更する場合には、①定款の変更手続、②目的の変更登記が必要となります。

## Point 2 開設資金を確保する

### Q:42 いったい、どのくらいの資金があれば開設できますか

**A** 必要な資金は、①設備資金、②運転資金の2つに大きく分かれます。

● **設備資金**

設備資金は、事務所を借りたり、自動車や事務機器などの備品（参照▶Q60）の費用です。事務所の開設にかかわる費用は立地・規模により、かなり異なった予算となります。自動車や事務機器は後に追加購入可能ですが、事務所は移転せずに営業することを前提に考えましょう。場所により利用者確保数（参照▶Q47）に差異が出ること、また通勤の利便性が職員の採用にもかかわることなどを考慮すると（参照▶Q53）、ある程度予算を大目にとっておくことをおすすめします。

開設したい場所の家賃相場をまず調べましょう。少なくともその5カ月分は準備が必要です。また電話・FAXなどの備品購入費として50万円程度の初期費用を考えておきましょう。

● **運転資金**

運転資金は人件費が主になりますが、健康保険料は本人・事業主が折半して負担するものなので、人件費には給与のほか、職員の社会保険等の福利厚生費も含めることが必要です。最低でも設立に必要な2.5人分の人件費を5カ月分準備しておくことが望ましいと思います。というのも、法人の設立から事業所の指定申請を受けるまでに3カ月、その後、事業を開始してからも、当月のサービス提供分は翌月10日までに保険請求を行い、入金はおおよそ2カ月後になるからです。

開設当初は事務作業に慣れず、返戻\*も予測されます。予定していた収入を下回ることは多分に起こり得ることです。収入予測を大きく見積もることにはかなりのリスクが発生します。

\*

**アドバイス**

\* 介護保険の場合は、変更申請中には保留になり、入金が遅れます。ケアマネジャーの入力と一致しない場合には減算となります。医療保険は該当する数字に○印をつけることが多いのですが、記入ミスも含め、使用している保険の変更などの情報がステーションに伝達されていないこともあり、返戻の通知が届いてからわかるケースもあります。いずれも再提出することにより支払はなされますが、入金は1カ月以上遅れますので、返戻にならないよう注意が必要です。

以上の資金はあくまでも最低限の金額です。事業を興すということは社会的にとても意義のあることであると同時に、従業員の保障などの責任を負うことでもあります。理想とする看護の実現だけではなく、金銭面でのビジョンをきちんともつことがとても重要で、起業するうえでは欠かせないことです。

　前述の内容を踏まえ、実際の例を表1-10に示してみましょう。ここでは、仮に家賃15万円、常勤看護師2.5名、パート事務員1名で、大まかに計算してみます。法人申請をして事業指定を受けるまでに3カ月、さらに保険収入があるまで2カ月ですから、例えば運転資金などはその「5カ月分」としています。

参照 ▶ Q10

【表1-10】開設資金の一例

| | 内容 | 資金額 | 見積内容 | 内訳等 |
|---|---|---|---|---|
| 設備資金 | 保証金（礼金） | 75万円 | 15万円×5カ月 | |
| | 車両等 | 60万円 | 30万円×2台 | 中古軽自動車 |
| | | 3万円 | 3万円×1台 | 自転車 |
| | 備品 | 50万円 | —— | パソコン・電話・コピー機等事務機器 |
| | | 20万円 | —— | 机・棚等 |
| | その他 | 5万円 | —— | 血圧計等 |
| | | 30万円 | —— | レセプト用ソフト |
| 運転資金 | 人件費 | 625万円 | 50万円×2.5名×5カ月 | 看護師2.5名（常勤） |
| | | 50万円 | 10万円×1名×5カ月 | 事務員1名（パート） |
| | 消耗品 | 10万円 | 2万円×5カ月 | コピー用紙・トナー・文具・清掃用具等 |
| | 交通費 | 10万円 | 2万円×5カ月 | ガソリン・洗車代等 |
| | 家賃 | 75万円 | 15万円×5カ月 | |
| | 光熱費 | 10万円 | 2万円×5カ月 | |
| | 通信費 | 5万円 | 1万円×5カ月 | |
| 合計 | | 1,028万円※ | | |

※その他予備費が必要

## Q:43 自己資金がなければ、開設できませんか

**A** 　基本的に自己資金は多いほうが経営は楽だと思います。看護の質も考えつつ、慣れないお金のことを考えるのは

想像以上に大変かもしれません。自己資金というのは現金ばかりではなく、所有している不動産の活用なども含みます。ただし職員の給与等には、毎月現金が必要になってきます。

金融機関から借り入れる、助成金等を利用する、出資者を募るなど、資金調達の方法はさまざまあっても、そのうちの3割から5割程度は自己資金で準備することが望ましいでしょう。特に収入が予測を下回る時に備えての資金が必要です。

## Q:44 銀行等の金融機関から借り入れるにはどうしたらよいですか

### A ●経営が成り立つかをシミュレーション

金融機関から資金を借り入れるには、まず担保が必要です。その際、所有不動産、預金額などが審査されます。さらに保証人が1、2名必要になります。自分が長期に預金をしているなど普段から付き合いのある金融機関にまず相談してみるのがよいでしょう。自己資金の割合、赤字から黒字に転じるまでの資金のやりくりについて、自分なりの展開を話してみましょう。

訪問看護事業はまだ十分に周知されていないビジネスですが、金融機関は収益が上がる事業に対しては資金を貸してくれます。ですから、あなたが立ち上げたい訪問看護ステーションが経営として成り立ちそうかどうか、まず自分自身でシミュレーションしてみてください。

訪問業には、設備負担は少ないですが、人件費率がとても高いという特徴があります。この部分をどのように解決していく予定なのか、銀行等の金融機関に対してあなた自身が説明できることが大切です。

### ●「事業計画書」を作成

借入にあたっては、「事業計画書」を準備しておくと、信用度を高め、審査に通りやすくなります。

事業計画書には定まった書式はなく金融機関の用意したひな形を利用しても、独自で作成してもよいです。自己資金の割合や赤字から黒字に転じるまでの資金のやりくりについてわかりやすくまとめ、どう利益を出し、返済能力があるかをしっかり

金融機関に伝えることが大切です。

## Q:45 訪問看護ステーションの立ち上げを支援する制度はありますか

**A** まず考えられるのが、特定要件を満たす事業に対する低金利の公的融資で、主に①日本政策金融公庫の融資、②信用保証協会の信用保証付き融資、の2つがあります。そのほか都道府県や市町村等の助成金もあります。いずれの制度も多くの場合、申請期間や要件を設けています。女性起業家を支援するもの、社会貢献度が高いもの、新しい試み等は社会が求めているものであり、不定期ながら募集頻度は他の事業に比べると多いようです。新聞やインターネットなどを活用しながら、募集があるかアンテナを張りめぐらせてください。

## Q:46 資金を調達・節約する方法を教えてください

**A** 資金調達方法としては、自己資金のほかQ45で取り上げたように、助成金、融資があります。助成金は返済の必要のないものです。ただし資格要件が厳しく、訪問看護ステーションを立ち上げる際の審査や事業開始後の報告等が義務づけられていることがほとんどです。また、特定要件を満たす事業に対して、金融機関から低金利の融資を行っていることもあります。

一方、資金節約方法としては、例えば事務所の家賃などの支出をできるだけ低く抑える方法などを検討してみましょう。また、机・書庫などの事務機器は中古でも十分だと思います。車輌は移動距離によっては欠かせないものですが、ガソリン代をはじめ維持費もかかるので、当初は最低限の台数が望ましいでしょう。なお、運営を軌道に乗せるにあたり節約は大切ですが、人件費など抑えることのできない支出もあるわけですから、むやみに節約と考えずに健全な収支予測\*を立てることを心がけましょう。

---

**アドバイス**

\* 「人件費」は給与だけではありません。Q42でもふれたように、健康保険などの社会保険料は事業主が折半して支払っており、それらを含めて人件費といいます。自分が経営者となり、収支予測を立てる時にはその点に注意しないと、思わぬ支出となります。

## Point 3 利用者確保のめどを探る

**Q:47 月に最低何名の利用者・対象者を確保すれば採算が合うのですか**

**A**

●利用者確保の前提条件

採算が合うかを判断するには、まず月間の利用者を何人確保する必要があるかを把握することが重要です。それには、以下の前提条件を考える必要があります。

①従事者数が何人体制か（常勤・非常勤の比率）
②訪問回数をどう設定するか
③人件費（管理者、常勤看護師、非常勤看護師等）はどのくらいか
④運営費一般等はどの程度か

①、③、④は支出（経費）とかかわり、②は主に収入（売上／介護報酬・診療報酬）と関係します。

●収支予測の考え方

基本は、「収入」から「支出」を差し引いた「損益」をゼロ（収支トントン）にすることです。それを実現するためには、月間利用者数を何人確保すればよいのか、1年間の収支予測を算出し、目標に沿った運営を目指すことが大切です。

［人員体制］事業所開設時の人員配置基準は常勤換算で2.5となっていますので、実際は、管理者と訪問看護師各1名が常勤、非常勤訪問看護師1名程度でスタートするところが多いようです。

［訪問回数］例えば、利用者1名あたりの訪問回数が週1回、利用者数が30名の場合、ステーションにおける月間訪問回数は120回となりますが、開設準備資金の借入の返済や、職員の賞与などを考慮すると、最低120回〜150回の訪問回数は確保したいところです。

［訪問料金等］1回の訪問時間や料金は、利用者が介護保険か医療保険かによってそれぞれ異なります。また、各種加算の算定有無によっても、1件の単価は変動しますが、8,000円〜9,000円程度が目安と考えます。

● 目標は「1年間で収支バランスを取る」こと

　開設当初は利用者の獲得から事業が始まります。そして、事業が存続していくためには、先ほども述べたように、年間事業計画を立案し、いつ頃までに損益ゼロにしたいかについて目標を定めることが大切です。標準的には1年間程度かけて収支バランスの取れる運営を目指すことになるため、その1年間の運営資金をあらかじめ準備しておくことをおすすめします。

## Q:48 市場調査はどのように行えばいいのですか

　A　訪問看護ステーションを開設したら、安定した収入を確保して、事業を存続させていくことが基本です。
　そのためには市場調査が必要であり、具体的には、
　①訪問看護の需要がその地域に十分あるか
　②周囲に競合するステーションがどのくらいあり、それぞれの特徴は何か
　③他のステーションは利用者数が年々伸びているか
などについて情報収集し、将来を見越した分析が必要になります。情報収集の方法として、各県や市町村あるいは厚生労働省による統計や資料をインターネットなどで調査することは一つの方法かと思います。
　特に、医療機関の医師・病棟看護師・地域連携室の担当者、および既存の訪問看護ステーション等から、訪問看護指示書の交付状況や地域のケアマネジャーが作成するケアプランに訪問看護が盛り込まれているかどうかを情報収集したうえで開設することが望ましいでしょう。

## Q:49 高齢者人口が多い地域に開設したほうが利用者を確保しやすいですか

　A　確かに「高齢者の多い地域」は訪問看護の需要も多いと思われがちですが、その前に、その地域の特徴をよく知る必要があります。

地域の高齢化率、要介護者数（要介護・要支援認定者数）、訪問看護利用者数など、需要と供給のバランスに関するデータを把握しておくことをおすすめします。各都道府県の介護保険情報をインターネットで検索することにより、多くの情報が得られる場合があります。

確かに一般的には、高齢者人口が多い地域に開設することは利用者確保の方法の一つではありますが、高齢者に限定せず、小児や末期がん患者、精神疾患患者などを対象とした特徴的な訪問看護も視野に入れるとよいでしょう。どのようなステーションを目指したいのか、改めて検討するところから始めてはいかがでしょうか。

## Q:50 病院から利用者を紹介してもらうにはどうしたらよいですか

**A** そのためには、まず地域の状況を考慮する必要があります。それぞれ地域における医療機関の連携システムにより異なると思いますが、訪問看護ステーションの開設時に地域の医療機関に出向き、自分たちはどのような看護を行おうとしているのか、目指しているステーションの方針は何かなどを説明しておくことで、退院時に自分たちのステーションを選択していただく目安となるでしょう。

実際に利用者は医療機関から紹介されるケースが多いのが現状です。たとえ開設後であっても、ステーションの特徴を医療機関に知っていただく努力は必要で、医療機関と密接に連携を図っていくべきでしょう。

## Q:51 近くに既存の訪問看護ステーションがいくつかあっても大丈夫ですか

**A** 理想的には、あまり競合しないほうが望ましいとは思いますが、まずは既存の訪問看護ステーションについて、それぞれの特徴を情報収集してはいかがでしょうか（参照▶

第1部 訪問看護ステーション編 ── 訪問看護ステーションの開設を検討・計画してみましょう

67

Q48)。

　例えば、既存のステーションがまだ24時間対応を実施しておらず、難病（成人・小児）やがんのターミナルケア等のサービス提供が不足している実情がある場合など、特化型訪問看護ステーション（参照▶Q52）としてPRすることも可能ではないでしょうか。また、2012（平成24）年度の介護保険制度改正に伴い新設された複合型サービス（参照▶Q89）など、全く新しい居宅サービスを展開することも、今後の運営面において期待できるのではないかと思います。

## Q:52 特化型の訪問看護ステーションとして、ターミナルケア中心の事業所を立ち上げたいのですが、うまくいくでしょうか

**A** ●**特化型訪問看護ステーションとは**

　全国で最も多い訪問看護ステーションは、対象者を限定せずに、依頼があった利用者を全部対象とするいわば"何でも訪問看護ステーション"です。それに対して、対象者を限定して、より専門特化した内容で訪問看護を実施しているステーションを"特化型訪問看護ステーション"と呼んでいます。完全に対象を限定しているものとして多いのが、精神障がい者やがんのターミナル患者、小児などです。

　そのほかに"半分特化型"とでもいうのでしょうか、基本的に利用者を限定しないのですが、特に力を入れている対象者として末期がん患者、小児、医療ニーズの高い人などを挙げているステーションもあります。利用者側からみると、「自分ががんだから、がんに詳しい特化型訪問看護ステーションに依頼しよう」などと選択するときの参考になるようです。

　ただ、全体的にその数はそう多くはありません。

●**在宅ターミナルケアに特化**

　年間150万人以上の人が亡くなる多死時代が到来するといわれています。病院だけでなく、在宅でも、介護施設・グループホーム・サービス付き高齢者向け住宅などでも、本人の望むような形で安心して最期まで生活できるように支援することが求められています。

訪問看護サービスは、在宅だけでなく介護施設などでも、さまざまな条件のもとで提供できるようになっています。地域全体を視野に入れてターミナルケアを行う訪問看護ステーションは重要です。特化型訪問看護ステーションとして取り組む意味が大いにあると思います。

　そのためには、利用者を受け入れるための体制づくりが大切です。ターミナルケアに熟練した看護職員の確保に努めること、24時間訪問看護対応体制をとることが必須となります。

　また、ターミナルケアを行うにはチーム医療が必要となりますので、連携できる医療機関を確保することも重要になります。特に在宅療養支援診療所（参照▶column）とのスムーズな連携が可能になるように、開設時は地域の医療機関への挨拶回りは必須です。開設当初から積極的にサービスを展開することで、各医療機関や地域の方々へのPRになるでしょう。

　なお、安定的な運営面を考えると、がん以外の利用者や小児の利用者の受け入れも視野に入れ、地域になくてはならないステーションをぜひ目指したいものです。

## Column

### 在宅療養支援診療所

　在宅療養支援診療所は、2006（平成18）年より、在宅医療を推進するため設けられました。24時間往診可能であることや、訪問看護ステーションとの連携により24時間訪問看護を提供できることなどの要件を満たしている診療所を指します。

　訪問看護ステーションと連絡がスムーズに取れるように、電話はもちろんFAX、メール等も活用されています。チーム医療を進めるうえでは退院調整会議をはじめとするカンファレンスも必須で、2012（平成24）年の診療報酬・介護報酬改定でも評価されています。地域によっては在宅医同士でチームをつくり、在宅療養支援、看取りの実施等に取り組んでいます。

## Point 4 開設地域を選定する

### Q:53 開設するにはどこの場所を選んでもいいですか

**A** 開設にあたっては、事業の目的・理念・方針、市町村との連携等が大切です。

事業を開始するには、社会的責任として事業を存続させていくことが重要です。利用者の確保、移動距離の効率性、地域の社会資源の状況把握、関係機関・他事業所との連携が可能な場所かどうかを市場調査したうえで(参照▶Q48)、今後の見通しを判断したほうがよいと思います。

特に訪問看護においては、移動時間が業務全体に占める割合が高く、往復30分以内が望ましいといわれていますが、現状ではもっと長い時間を費やしているところも少なくありません。交通手段(徒歩、自転車、車、電車等)の効率性についても、検討が必要になります。

### Q:54 開設場所について市町村等の許可が必要なのですか

**A** 市町村等の許可は不要です。訪問看護ステーションは都道府県知事等の指定を受けて事業を行います。ただし、訪問看護ステーションの設置場所のある市町村の利用者を対象にサービスを提供しますので、都道府県だけでなく市町村の担当者とも、開設に向けた意向や開設場所、事業の目的・理念・方針、連携のあり方などについて説明し、訪問看護ステーションの開設計画、申請手続等について指導を受けることも必要です。

参照▶Q64

## Point 5　土地・事務所を選定する

### Q:55 物件（賃貸・新築）を選ぶ際は、どういう点に注意すればいいですか

**A** 訪問看護ステーションの事業所は、必ずしも独立した施設に設置する必要はありません。病院や看護協会など設置母体の本部や行政機関等が所有する建物に併設したり、またそれらの建物内の一室を借りることも可能です。

しかし、それにはさまざまな配慮が必要です。例えば病院や介護老人保健施設・特別養護老人ホームなどの社会福祉施設内に設ける場合は、その病院等の機能や会計・経理などと完全に分離する必要があります。特に、ナースステーションと共有するようなことは認められません。

また、独立した訪問看護ステーションを設立するには、基本構想に基づいた場所の選定、あるいは物件などの準備が必要になります。場所の選定条件としては、訪問エリアの中心地に近い場所、利便性のある場所、駐車場が確保できる場所などが望まれます（参照▶Q53）。

既存建物への併設や建物の一室を借用した場合は、開設場所や物件の選定等の準備は不要となります。例えば株式会社を立ち上げて訪問看護ステーションを開設したDさんは、事務所として県立病院の売店の隣のスペースを賃貸で借りました。その結果、入院患者も病院の看護師も"訪問看護"を身近に感じることができるなど、宣伝効果が抜群で、さまざまな連携もしやすいといいます。このように、土地や事業所の選定にあたっては工夫が必要だといえるでしょう。

## Point 6　看護師等職員を確保する

### Q:56　看護師や他のスタッフは何人くらい確保したらいいですか

\* 指定訪問看護の事業の人員及び運営に関する基準第2条

\*\* 助産師は、健康保険法の指定訪問看護事業のみを行う場合に限り、管理者になることができる。

**A** 訪問看護事業所は、人員基準\*では常勤換算2.5人以上となっています。

管理者を常勤看護師（保健師・助産師\*\*含む）1名として換算し、その者がケアマネジャー等を兼務しないとして、あと1.5人を必要とします。例えば実働週38時間の場合、管理者以外に常勤看護師1人とパート（週20時間勤務）の看護師1人が必要となります。あるいは管理者以外をパート看護師にすると、1.5人分をその看護師の実働から常勤換算することになり、管理者1人とパート3人で、常勤換算2.5人となります（表1-11）。

パート職員の場合は、1件いくらといった出来高払いの雇用条件と、1時間いくらといった時間給の雇用条件があります。「今は子育てで、フルタイムは無理だけどパートなら働きたい」といった看護師は結構います。また、「毎日は働けないけれど、週3日か4日なら、1日7時間あるいは8時間働きたい」といった看護師もいます。そして、パート看護師の中には子育て等にめどがつくと、常勤看護師に変更する看護師も多くいます。

事業の質を勘案して運営、経営していくには、何といってもすべて常勤看護師雇用であることがベストです。毎日の連絡・調整・情報伝達等がスムースにでき、それがひいてはステーショ

**【表1-11】常勤換算の計算方法（例）**
実働週38時間と定めている場合の常勤換算数・計算例

| 人員配置の例 | 常勤の人数 + $\dfrac{\text{非常勤の勤務時間}}{\text{常勤の実働時間}}$ （常勤換算の基本） |
|---|---|
| ①常勤看護師（管理者）　1人<br>②常勤看護師　　　　　　1人<br>③パート看護師　　　　週20時間勤務 | $2 + \dfrac{20時間}{38時間} = \boxed{2.53}$ |
| ①常勤看護師（管理者）　1人<br>②パート看護師　　　　週20時間勤務<br>③パート看護師　　　　週20時間勤務<br>④パート看護師　　　　週20時間勤務 | $1 + \dfrac{20時間+20時間+20時間}{38時間} = \boxed{2.58}$ |

ン全体の質を上げていくことになります。パートとは違い、時間の制約はありませんし、24時間訪問看護対応体制を実践するうえでも、常勤雇用を目指すことをおすすめします。

なお、看護師以外には、理学療法士、作業療法士、言語聴覚士、看護補助者、さらに事務職員を必要に応じて採用することが可能です。

## Q:57 スタッフの募集はいつから始めたらいいですか

**A** 事業所の指定申請には、看護職員等従業者の勤務体制および形態の一覧を都道府県等に提出しなければなりません。つまり、申請時には雇用が決定していなければなりません。

ですから、募集時期を考えるには、募集および採用・決定にかかる期間のほか、採用決定後に申請し、書類等の不備がないとして申請が受理され指定を受けるまでの約2カ月を見積もる必要があります。例えば募集および採用・決定に1カ月くらいかかるとすれば、最低でも開設予定の3カ月前から募集しなければ間に合わないことになります。

また、採用スタッフに研修等を行う場合、その期間・時期等も勘案して募集時期を決めることになります。

参照 ▶ Q9,Q62

## Q:58 看護師を募集する方法を教えてください

**A** 求人方法については、経費をどれくらいかけられるのか、あるいは全く予算的に難しいのかが関係してきます。

まず無料で募集する方法としては、知り合い・友人・かつての同僚からの紹介、ナースバンクやハローワークへの登録があります。また、ホームページを立ち上げて募集要項を掲載する方法もあります。

有料の広告媒体には、①新聞の折込ちらし（広告の大きさに

よりますが、4万円台くらいから掲載できます）、②求人情報誌（最低でも4万円ほどかかります）、③求人サイト（サイトへの掲載料は高く10万円以上はかかります）、などがあります。

最近では、ほとんどの看護師がインターネットを通じて応募してきますから、ホームページを立ち上げることは有効だと思います。なお、ある事業所では、団地を回り、求人広告のチラシをポスティングしていました。

## Q:59 職員の研修や教育は必要ですか

**A** 当然のことながら、日々研鑽を積むための研修や教育は必須になってきます。具体的には以下のようなものが考えられます。

### ●管理者研修
管理者になるためには、訪問看護経験があるだけでは十分とはいえません。開設前にぜひ、管理者のための教育・研修を受けることをおすすめします。具体的には、全国訪問看護事業協会や日本訪問看護財団で行う管理者対象の研修などさまざまあります。また知り合いや紹介されたステーションで研修・実習を受講すると、現実的なことを学ぶことができます。研修以外でも参考書等(表1-12)によって学ぶこともできます。

### ●職員研修
職員（管理者含む）の研修においては、都道府県看護協会が主催する「訪問看護師養成講習会」が行われています。同講習会では訪問看護の基本的な知識を幅広く学ぶことができますし、他のステーションでの実習もあります。期間は都道府県により異なりますので、詳細は直接問い合わせてみてください。

また、全国訪問看護事業協会では、新人訪問看護師を対象とした研修のほか、訪問看護活動に必要な知識・技術に関連した研修が多く企画されています。詳しくはホームページ*を参照してください。

\* http://www.zenhokan.or.jp/training/index.html

### ●継続教育
実際に開設してからも、事業所運営にあたっての継続的な教育・研修が、必須な要件となります。「指定訪問看護の事業の

**【表1-12】参考書の一例**

| 書名 | 執筆・編集・監修 | 発行元 | 発行年 |
|---|---|---|---|
| 訪問看護実務相談Q&A 平成24年度改定版 | 全国訪問看護事業協会編 | 中央法規出版 | 2012 |
| 新版 訪問看護ステーション開設・運営・評価マニュアル 第2版 | 日本訪問看護財団監修 | 日本看護協会出版会 | 2012 |
| 訪問看護お悩み相談室：報酬・制度・実践のはてなを解決 平成24年改定対応版 | 日本訪問看護財団編 | 中央法規出版 | 2012 |
| 在宅ケア リスクマネジメントマニュアル | 宮崎和加子編集・執筆 | 日本看護協会出版会 | 2012 |
| 在宅看護実習ガイド | 山田雅子編集 | 照林社 | 2011 |
| 在宅ケアの"キホン"100 | 訪問看護認定看護師「キホン100」編集グループ編 | 日本看護協会出版会 | 2010 |
| なるほどわかる 訪問看護ステーション経営のコツ | 日本訪問看護振興財団編 | 日本看護協会出版会 | 2010 |
| 訪問看護元気化計画 現場からの15の提案 | 宮崎和加子・川越博美著 | 医学書院 | 2010 |
| だから訪問看護はやめられない 訪問看護の魅力、ぜんぶ教えちゃいます！ | 宮崎和加子編著 | メディカ出版 | 2010 |
| そこが知りたい！ 事故事例から学ぶ 訪問看護の安全対策※ | 全国訪問看護事業協会編 | 日本看護協会出版会 | 2009 |
| 訪問看護は"所長"で決まる！ | 角田直枝著 | 日本看護協会出版会 | 2008 |
| 看護の実力 訪問看護・開業ナースはゆく | 村松静子監修 | 照林社 | 2008 |
| 最新 訪問看護研修テキスト ステップ1・ステップ2 | 川越博美・山崎摩耶・佐藤美穂子総編集 | 日本看護協会出版会 | 2005-2006 |
| スキルアップのための在宅看護マニュアル | 角田直枝編 | 学習研究社 | 2005 |
| 訪問看護ステーションのマネジメントAtoZ | 小山秀夫著 | 医学書院 | 2004 |

※改訂版制作中（2012年9月現在）

人員及び運営に関する基準」第22条において、指定訪問看護事業者は、看護師等の資質の向上のために、その研修の機会を確保しなければならないと規定されています。

利用者に良質なサービスを提供するうえでも、看護師として専門職である限り、教育・研修は当然欠かせないものですし、看護師の離職に大いに関係してくる要素でもあります。

多忙になるとつい忘れがちになりますが、サービス提供上の義務であるという認識をもって、計画的に教育・研修を考え、取り組むことが重要です。

## Point 7　必要備品・物品を調達する

### Q:60　必要備品・物品にはどういうものがありますか

**A** 必要備品・物品には、以下のようなものがあります（表1-13）。

● **事務機器**

事務用備品として、机・いす・パソコン・電話・FAX・コピー機が必要です。電話・FAXは、利用者・主治医やケアマネジャーとの連携では欠かせません。

● **訪問時の必要物品**

訪問看護に必要な物として、バイタルサインの測定用具（血圧計・体温計・聴診器など）や訪問かばんがあります。

そのほか、ケア用のディスポーザブル手袋、アルコール綿（体温計などを拭く）、手指の消毒液など、感染予防の物品も必要です。

注射器・各種カテーテルなどの医療材料を訪問看護ステーションに備えることは、原則として不要です。居宅療養管理指導料を請求している医療機関から医療材料を出すことになっているからです。必要時には往診している医療機関と相談しましょう。

● **自転車・自動車**

移動手段として、訪問の効率や夜間の緊急訪問（24時間体制時）等に備えて、場合によっては自転車・自動車があるとよいと思います。

● **そのほか**

防災用品。

## 【表 1-13】訪問看護ステーションの主な必要備品等の例

● 事務機器等

| 品名 | 備考 |
| --- | --- |
| 電話・FAX | 利用者や主治医との連携に必須 |
| 自動車 | 維持費等も考慮し、最小限の台数で |
| 机・いす | |
| ロッカー | |
| 金庫 | 手提げ金庫も可 |
| 掃除機 | |
| パソコン | |
| プリンター | |
| コピー機 | |
| シュレッダー | |
| デジタルカメラ | 主治医への情報提供用（創傷の撮影など） |
| 洗濯機 | ユニホームの洗濯など |
| パンフレット | 訪問看護のPR用 |
| 印鑑類 | ステーション印、所長印、職員氏名印 |
| 名刺 | |
| 帳票類※ | |
| 書類※ | 記録用紙など |
| 筆記用具 | |
| 防災用品 | |

● 訪問時の必要物品等

| 品名 | 備考 |
| --- | --- |
| 訪問かばん | |
| 住宅地図 | |
| ディスポーザブル手袋 | 1人1箱 |
| マスク | 1人1箱 |
| 血圧計 | 1人1台 |
| 体温計 | 1人1本 |
| 聴診器 | 1人1本 |
| 滅菌ガーゼ・綿球類 | 予備も考慮 |
| ビニール袋 | 汚物入れ等に使用 |
| テープ類 | |
| 消毒用物品 | 消毒薬、アルコール綿、手指の消毒液 |

● そのほか、設備として必ず手洗い場と面談スペースが必要になります。

※「帳票」とは「帳簿」「伝票」を意味し、会計・経理上使用する文書を指す。一方、「書類」とは看護記録をはじめ、すべての文書を指す。

## Q:61 必要なパソコンのソフトにはどういうものがありますか

**A** 介護保険制度全般に対応しているパソコンのソフトが多く出ています。訪問看護の報告書や計画書の用紙はもちろん、保険請求業務・個人基礎情報管理・スタッフ業務管理・居宅介護支援業務など幅広く搭載されています。ソフトにより、医療保険制度に強いものもあります。ソフトの価格もさまざまですので、ステーションの特徴を踏まえて検討するとよいでしょう。

## Point 8　開設時期の見通しをつける

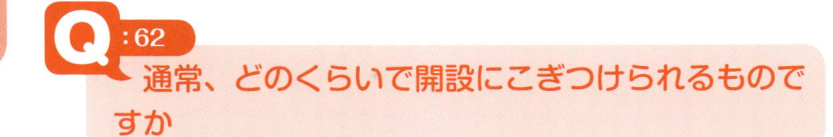

**Q:62　通常、どのくらいで開設にこぎつけられるものですか**

**A**　市場調査や職員・資金の確保などにめどがつき、開設を決意してから事務的な諸手続に要する日数のみを考えると、次のようになります。

### ●法人の設立

法人を設立するまでに、株式会社の場合は約1カ月、NPO法人の場合は約4カ月かかります（図1-11）。なお、既存の法人で新規参入する場合は、目的変更登記（参照▶Q41）を済ませてください。

**【図1-11】事業所申請の流れ**

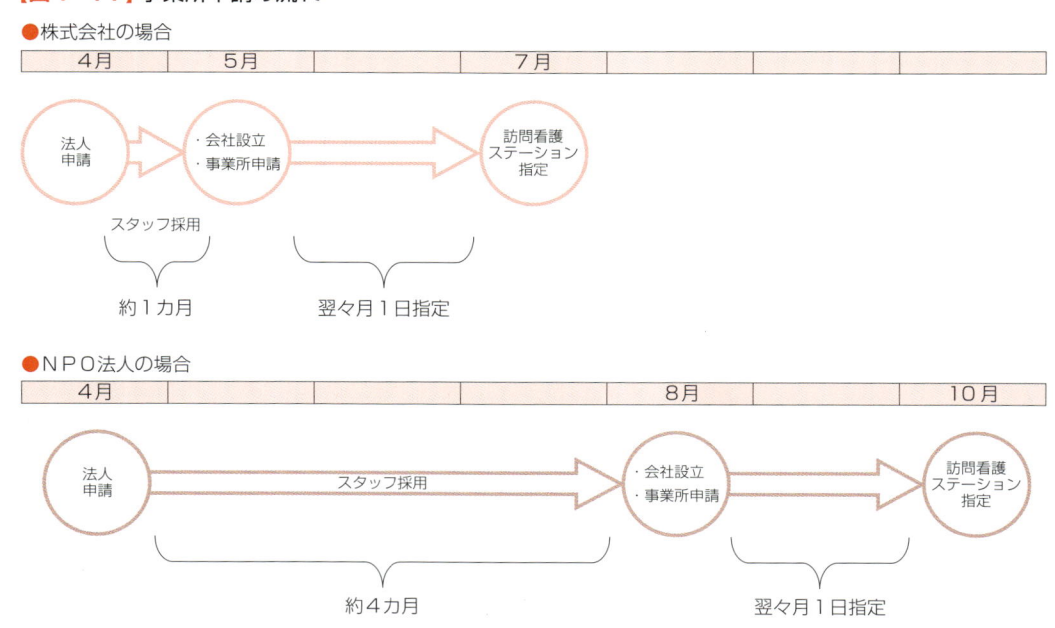

●株式会社の場合

| 4月 | 5月 | | 7月 | | |
|---|---|---|---|---|---|

法人申請 → ・会社設立 ・事業所申請 → 訪問看護ステーション指定

スタッフ採用　約1カ月　　翌々月1日指定

●NPO法人の場合

| 4月 | | | | 8月 | 10月 |
|---|---|---|---|---|---|

法人申請 → スタッフ採用 → ・会社設立 ・事業所申請 → 訪問看護ステーション指定

約4カ月　　翌々月1日指定

※事業所申請を行う前に従業者数の提出が必要となるので、職員の採用状況によって日程のずれが生じます。

● **都道府県等への指定申請**

　法人を立ち上げた後は、事業者の指定申請(参照▶Q64)を行うことになります。都道府県等への指定申請は、基本的に「毎月月末までの申請で翌々月1日指定」です。例えば、5月1日に訪問看護事業所としての申請をすると、順当なら7月1日付で正式に指定を受けることになります。この日から訪問看護サービスの提供が可能になりますが、申請後に書類の不備があるともう少し遅れることになります。都道府県等により、申請の受付・指定までの期間が異なる場合がありますので、事前に確認したほうがよいでしょう。

＊

　例えば株式会社の場合、法人の設立と都道府県等への指定申請を合わせると、それだけで3カ月以上は要します。さらに、この前には職員の採用準備や研修にかかる期間なども必要になることを考慮してください。

参照▶Q9,Q57

## Q:63 開所式は行ったほうがいいですか

**A**　開所式を行うことにより、地域のケアマネジャーをはじめとする関係機関に、これから立ち上げる自分のステーションについて周知できるとともに、いろいろな方々と情報交換もできますので意義のある大切な機会です。また、勤務予定のスタッフが全員揃うわけですから、管理者の特性・もち味だけでなく、職員それぞれの得意分野を知っていただくよい機会になると思います。さらに、これから働いていく職員にとっては、どのように地域とかかわり、訪問看護活動を展開していくのかをイメージするよい機会だともいえます。

　ただし、正式に式典の形式をとるのであれば、招待状を作成したり、おもてなしの形式を考え、予算を計上しなければならず、費用も時間も必要になります。一方、式典の形式にこだわらず、パンフレット等を作成して近隣の関係機関にこちらから出向き、ご挨拶・説明をするという簡略化した方法も考えられます。それぞれにメリット、デメリットはありますので、自分の理想とする訪問看護ステーションがどのような形式をとるとよいスタートが切れるのかを考慮して決めるとよいでしょう。

## Point 9 指定申請等を行う

**Q:64 訪問看護事業者としての指定を受けるための申請はどこに行うのですか**

**A** 訪問看護事業は介護保険法と健康保険法に基づいて行われるため、それらに規定された方法で、まず事業所の指定を受けるための申請を行います(表1-14)。

介護保険法に基づくサービスを行う場合は、都道府県知事に申請し、①指定居宅サービス事業者(訪問看護)、②指定介護予防サービス事業者(介護予防訪問看護)の指定を、また健康保険法(医療保険)に基づくサービスを行う場合は、地方厚生(支)局長に申請し、③指定訪問看護事業者の指定を受けることとされています。

①と②の指定は一体的に受けることが可能で、また介護保険法に基づく指定を受けた場合は、健康保険法に基づく指定も受けたとみなされます。これを「みなし指定」といいます。

なお、届出が必要な加算(表1-15)については、それぞれの該当する指定者に届出をしなければなりません。

**【表1-14】指定申請にかかわる法令**

| 介護保険法施行規則<br>(厚生省令第36号) | 第116条 | 指定訪問看護事業者に係る指定の申請等 |
| --- | --- | --- |
| | 第140条の5 | 指定介護予防訪問看護事業者に係る指定の申請 |
| 健康保険法施行規則<br>(内務省令第36号) | 第74条 | 指定訪問看護事業者に係る指定の申請 |
| 健康保険法<br>(法律第70号) | 第89条第2項 | 指定訪問看護事業者の指定 |

**【表1-15】届出が必要な加算(2012年4月現在)**

- 特別地域加算
- 中山間地域等における小規模事業所加算(地域に関する状況、規模に関する状況)
- 緊急時訪問看護加算
- 特別管理体制
- ターミナルケア体制
- サービス提供体制強化加算

## Q:65 申請にあたってはどのような書類が必要ですか

**A** 介護保険法による指定を受ける場合は都道府県知事等に申請を行いますので、直接各都道府県等に問い合わせて申請用紙を受け取るのがよいでしょう。なお、都道府県等ごとに、内容に多少の違いがあります。一方、健康保険法による指定のみを受ける場合の指定申請は、所在地を管轄する地方厚生（支）局で申請書を入手・提出します。なお、インターネット上の「電子政府の総合窓口」（e-Gov）の「電子申請」*から行うことも可能です。

書類はどのような人たちが、どこで、どのように事業を展開するかを詳しく申請するためのものです。例としては資料1〜資料4を参照してください。

* http://shinsei.e-gov.go.jp/menu/

第1部　訪問看護ステーション編——訪問看護ステーションの開設を検討・計画してみましょう

---

**Column　季節が気になる訪問看護**

真夏の日差しの中では日焼けが気になり、雨の時期には利用者宅の玄関にどのように雨具を置くかが気になり、雪の日には利用者宅に無事到着するのかが気がかりな仕事です。管理者は、職員・利用者双方に気を配らなければなりません。移動が困難な気象条件の時にはどのように対応するかを事前に検討し、利用者に報告しておく必要があります。

【資料１】

第１号様式（第２条関係）

指定居宅サービス事業所
指定介護予防サービス事業所
指定居宅介護支援事業所　　　指定（許可）申請書
介護保険施設

　　　　　　　　　　　　　　　　　　　　　　　　　　　　年　月　日

知事　殿

　　　　　　　　　　　　　　　　所在地
　　　　　　　　　　申請者
　　　　　　　　　　　　　　　　名　称　　　　　　　　　印

　介護保険法に規定する事業所（施設）に係る指定（許可）を受けたいので、下記のとおり、関係書類を添えて申請します。

事業所所在地市町村番号

| | | | 実施事業 | 指定（許可）申請をする事業等の事業開始予定年月日 | 既に指定等を受けている事業等の指定（許可）年月日 | 様式 |
|---|---|---|---|---|---|---|

申請者
- フリガナ／名称
- 主たる事務所の所在地（郵便番号　－　）県　郡市（ビルの名称等）
- 連絡先　電話番号　　　FAX番号
- 法人の種別　　　法人所轄庁
- 代表者の職・氏名・生年月日　職名　フリガナ　氏名　生年月日
- 代表者の住所（郵便番号　－　）県　郡市（ビルの名称等）

事業所等の所在地（郵便番号　－　）県　郡市（ビルの名称等）

指定（許可）を受けようとする事業所・施設の種類

指定居宅サービス
- 訪問介護　　　付表１
- 訪問入浴介護　付表２
- 訪問看護　　　付表３
- 訪問リハビリテーション　付表４
- 居宅療養管理指導　付表５
- 通所介護　　　付表６
- 通所リハビリテーション　付表７
- 短期入所生活介護　付表８
- 短期入所療養介護　付表９
- 特定施設入居者生活介護　付表10
- 福祉用具貸与　付表11
- 特定福祉用具販売　付表12

居宅介護支援事業　付表13

施設
- 介護老人福祉施設　付表14
- 介護老人保健施設　付表15
- 介護療養型医療施設　付表16

指定介護予防サービス
- 介護予防訪問介護　付表１
- 介護予防訪問入浴介護　付表２
- 介護予防訪問看護　付表３
- 介護予防訪問リハビリテーション　付表４
- 介護予防居宅療養管理指導　付表５
- 介護予防通所介護　付表６
- 介護予防通所リハビリテーション　付表７
- 介護予防短期入所生活介護　付表８
- 介護予防短期入所療養介護　付表９
- 介護予防特定施設入居者生活介護　付表10
- 介護予防福祉用具貸与　付表11
- 特定介護予防福祉用具販売　付表12

介護保険事業所番号　　　　（既に指定又は許可を受けている場合）
医療機関コード等

受付番号

【資料2】

## 訪問看護・介護予防訪問看護事業所の指定に係る記載事項

受付番号

| 事業所 | フリガナ | | | | | | | | |
|---|---|---|---|---|---|---|---|---|---|
| | 名　称 | | | | | | | | |
| | 所在地 | （郵便番号　　－　　） 県　　　郡市 | | | | | | | |
| | 連絡先 | 電話番号 | | | FAX番号 | | | | |

| 当該事業の実施について定めてある定款・寄附行為等の条文 | 第　　条第　　項第　　号 |
|---|---|
| 病院、診療所、訪問看護ステーションの別 | |

| 管理者 | フリガナ | | （郵便番号　　－　　） | |
|---|---|---|---|---|
| | 氏　名 | | | |
| | 生年月日 | | 住所 | |
| | ※職種及び登録番号 | | | |
| | ※当該訪問看護事業所内で兼務する他の職種（兼務の場合記入） | | | |
| | 同一敷地内の他の事業所又は施設の従業者との兼務（兼務の場合記入） | 名称 | | |
| | | 兼務する職種及び勤務時間等 | | |

| 従業者の職種・員数 | 看護師 || 保健師 || 准看護師 || 理学・作業療法士・言語聴覚士 ||
|---|---|---|---|---|---|---|---|---|
| | 専従 | 兼務 | 専従 | 兼務 | 専従 | 兼務 | 専従 | 兼務 |
| 常勤（人） | | | | | | | | |
| 非常勤（人） | | | | | | | | |
| ※常勤換算後の人数（人） | ||||||||
| ※基準上の必要人数（人） | ||||||||
| 適合の可否 | ||||||||

| 主な掲示事項 | 営業日 | |
|---|---|---|
| | 営業時間 | |
| | 利用料 | 法定代理受領分（一割負担分） |
| | | 法定代理受領分以外 |
| | その他の費用 | |
| | 通常の事業実施地域 | |
| | 添付書類 | 別添のとおり |

備考　1　「受付番号」「基準上の必要人数」「適合の可否」欄には、記入しないでください。
　　　2　記入欄が不足する場合は、適宜欄を設けて記載するか又は別様に記載した書類を添付してください。
　　　3　「主な掲示事項」については、本欄の記載を省略し、別添資料として添付して差し支えありません。
　　　4　※欄は、訪問看護ステーションの場合のみ記入してください。
　　　5　保険医療機関又は特定承認保険医療機関である病院又は診療所が行うものについては、法第71条第1項の規定により指定があったものとみなされるので、本申請の必要はありません。
　　　6　出張所等がある場合、所在地、営業時間等を別様にして記載してください。また、従業者については、本様式に出張所に勤務する職員も含めて記載してください。
　　　7　当該指定居宅サービス以外のサービスを実施する場合には、当該指定居宅サービス部分とそれ以外のサービス部分の料金の状況が分かるような料金表を提出してください。

**【資料３】**

### 付表３－２　訪問看護・介護予防訪問看護事業を事業所所在地以外の場所で一部実施する場合の記載事項

受付番号 　　　　　

<table>
<tr><td rowspan="4">事業所</td><td colspan="2">フリガナ</td><td></td></tr>
<tr><td colspan="2">名称</td><td></td></tr>
<tr><td colspan="2">所在地</td><td>（郵便番号　　－　　　）<br>　　　　県　　　郡市</td></tr>
<tr><td colspan="2">連絡先</td><td>電話番号　　　　　　　　　　　　FAX番号</td></tr>
<tr><td rowspan="7">主な掲示事項</td><td colspan="2">営業日</td><td></td></tr>
<tr><td colspan="2">営業時間</td><td></td></tr>
<tr><td rowspan="2">利用料</td><td colspan="2">法定代理受領分（一割負担分）</td></tr>
<tr><td colspan="2">法定代理受領分以外</td></tr>
<tr><td colspan="2">その他の費用</td><td></td></tr>
<tr><td colspan="2">通常の事業実施地域</td><td></td></tr>
<tr><td colspan="2">添付書類</td><td>別添のとおり</td></tr>
</table>

備考　１　「受付番号」「基準上の必要人数」「適合の可否」欄には、記入しないでください。
　　　２　記入欄が不足する場合は、適宜欄を設けて記載するか又は別様に記載した書類を添付してください。
　　　３　「主な掲示事項」については、本欄の記載を省略し、別添資料として添付して差し支えありません。

【資料４】

別添
指定（許可）申請に係る添付書類一覧　　　受付番号　[　　　　　]

主たる事業所・施設の名称　[　　　　　　　　　　]

| 番号 | 添付書類 | 申請する事業・施設の種類 ||||| 備考 |
|---|---|---|---|---|---|---|---|
| | | 訪問看護 | 介護予防 | | | | |
| 1 | 申請者の定款、寄附行為等及びその登記事項証明書又は条例等 | | | | | | |
| 2 | 病院・診療所、薬局、特養の使用許可証等の写 | | | | | | |
| 3 | 従業者の勤務体制及び勤務形態一覧表 | | | | | | |
| 4 | 訪問看護ステーション管理者の免許証の写 | | | | | | |
| 5 | 事業所の平面図 | | | | | | |
| 6 | 運営規程 | | | | | | |
| 7 | 利用者からの苦情を処理するために講ずる措置の概要 | | | | | | |
| 8 | 当該申請に係る資産の状況 | | | | | | |
| 9 | 当該事業所の所在地以外の場所で、当該申請に係る事業の一部を行うときの名称・所在地 | | | | | | |
| 10 | 法第70条第2項各号（又は法第115条の2第2項各号）に該当しないことを誓約する書面 | | | | | | |
| 11 | 役員の氏名等 | | | | | | |

備考　1　「受付番号」欄は、記入しないでください。
　　　2　添付書類欄の記載事項は、申請する事業・施設に応じて適宜修正してください。
　　　3　該当欄に「○」を付し、複数の事業所等に共通する添付書類については、「◎」を付してください。

第1部　訪問看護ステーション編──訪問看護ステーションの開設を検討・計画してみましょう

## Q:66 開設後はどのような書類の準備が必要ですか

**A** 開設後には、以下のような書類が必要になります。

①**主治医への提出が義務づけられているもの**：訪問看護報告書、訪問看護計画書

②**利用者と取り交わすもの**：重要事項説明書と同意書、訪問看護契約書、個人情報使用同意書

③**訪問看護報酬の請求にかかわるもの**：介護給付費明細書、訪問看護療養費明細書、保険組合に出す訪問看護療養費請求書

④**利用者への請求にかかわるもの**：1カ月間の訪問看護報酬請求書、領収書

⑤**地域連携にかかわるもの**：入院時などに病院と連携を図るために作成する看護サマリー用紙

⑥**利用者の把握と管理にかかわるもの**：利用者台帳、管理日誌、災害時の対応（呼吸器使用者など）マニュアル

⑦**業務量の管理と分析・経営管理にかかわるもの**：勤務表、訪問スケジュール表、利用者人数や訪問看護回数の一覧表、収支表


## Q:67 保険加入が必要と聞きましたが、どのような保険ですか

**A** 訪問看護事業者やその業務従事者が業務の遂行に伴い、万が一利用者やその家族等の第三者にけがをさせてしまったり、財物を損壊させてしまった場合、その法律上の損害賠償責任を保障してもらうための保険です。近年は情報漏えいなどの事故も起きていますので、保険加入は必須といえるでしょう。全国訪問看護事業協会＊、日本訪問看護財団＊＊、訪問看護共済会などが取り扱い代理店になっていますので、問い合わせてみてください。

＊ http://www.zenhokan.or.jp/insurance/index.html
＊＊ http://www.jvnf.or.jp/soudan/

## Point 10　PR方法やプロモーション活動を考える

### Q:68　PR活動を有効に行うコツは何ですか

**A** 地域で行われる研修、イベントなどに顔を出し、いろいろな機会に労力をいとわず足を運ぶことです。そこで、名刺交換をしたり、パンフレットを置かせてもらいましょう。その際に、得意の分野・特徴を伝えることが大切です。例えば、「土曜日、日曜日、祝日も訪問看護を行います」「難病看護に精通しています」「医療ニーズの高い利用者、精神科看護を得意とします」等々、事業所のセールスポイントをPRします。

また、周辺の病院（地域連携室など）、診療所、居宅介護支援事業所（ケアマネジャー）、地域包括支援センター、訪問看護ステーションなどを回ることも必須です。

各市区町村単位で訪問看護ステーション管理者会が開催されていますので、同会に加入して仲間になり、自分の顔や事業所を知ってもらいましょう。また、都道府県単位での訪問看護ステーション協議会、全国単位では全国訪問看護事業協会、日本訪問看護財団に加入し、研修等に参加して会員同士で交流を深めることをおすすめします。

### Q:69　ケアマネジャーにはどのようにPRすればよいですか

**A** Q68を参考にしてください。特にケアマネジャーは介護保険による訪問看護を行う場合、利用者と最も連携が深い関係になりますので、開設する事業所を知ってもらいましょう。その際、例えばパンフレットは1枚でなく複数枚持参します。なぜならケアマネジャーが1人という事業所だけとは限りませんので、必ず人数分以上を準備しましょう。Q68でも述べたとおり、「何を"売り"とし、特徴とする訪問看護事業

所なのか」をしっかり伝えることが大切です。看護師以外（理学療法士・作業療法士・言語聴覚士など）の在職者がいればそのことも伝えておきましょう。

　また、24時間緊急対応が可能かどうかは、ケアマネジャーにとっては関心事です。その体制があるかについてもお知らせしておきましょう。

---

**Column**

**退院調整**

　家族形態の変化、死生観などの価値観の多様化、在院日数の短縮から、退院は平易なものではなくなってきています。しかし退院調整については、病院によって担当する職種がさまざまで、取り決めはないのが現状です。訪問看護師には、在宅生活の特徴を踏まえ、利用者が安心して過ごせるためにどのような援助が可能か、連携各所にわかりやすく説明できる能力が求められています。

第2部

# 訪問看護を基盤にした地域ケア事業所編

　　ここ数年、看護職、特に訪問看護師が中心となって新たな事業を立ち上げています。単に居宅・在宅への訪問看護ではなく、宿泊できる民間賃貸アパートとして、あるいは有料老人ホーム・小規模多機能型居宅介護・認知症対応型共同生活介護（グループホーム）として……といろいろです。共通しているのは、地域にとって必要でありながら足りない事業・サービスをつくり上げることへの挑戦です。

　　経営のこともしっかりと考えながら"起業"しています。

　　あなたも、自ら描く看護を中心とした地域社会に貢献できる事業所づくりに挑戦してみてはいかがでしょうか。

## その1　背景・需要

**Q:70** 最近、訪問看護師さんが、訪問看護ステーション以外の新しい事業所を立ち上げていると聞くのですが、どういう事業を行っているのですか

**A** 訪問看護ステーションの管理者たちが、宿泊機能をもつ施設を立ち上げる例が増えています。従来の訪問・通いの在宅サービスに加えて宿泊サービスを提供することにより、医療ニーズの高い療養者の在宅（居宅）生活を支えることが可能になっています。具体的には、医療ニーズの高い利用者が、医療機関から退院する際の一時的な宿泊、さらに病態の変化時や家族のレスパイトのための宿泊、また看取りケアを実践できる場を提供します。

この背景には、在院日数の短縮化により、医療ニーズの高い状態でも地域に帰ってくる方が多くなったことが挙げられます。そのため、介護負担の増大によって家族が疲弊して在宅療養が中断し、入院して最期を迎えることになってしまわないように、また高齢者の独り暮らしや高齢世帯の増加など家族の介護機能が弱体化しているため、在宅生活そのものを社会全体で支える必要があるという事情もあります。

医療ニーズの高い方たちは、従来の福祉施設では受け入れてもらえない場合が多く、今まで安心・安全に生活できる宿泊施設が少なかったために、結局、入院せざるを得ないという状況でした。しかし、この事態を打開したいと考え、ステーション管理者たちが自ら宿泊機能をもつ施設を立ち上げ、ステーションと密接に連携しながら24時間体制の看護を提供するようになってきたわけです。主治医と連携しながら緊急時の対応を行い、在宅での看取りまで継続的な支援を行っています。看護が主軸となった本当の意味での"ナーシングホーム"の始まりです。

## Q:71 医療ニーズの高い方やがん末期の方などが、自宅は無理でも、地域の中で過ごし続けられる場所をつくるにはどうすればよいですか

**A** 訪問看護ステーションが中心となり、近隣に併設で宿泊施設をもち、医療ニーズの高い方や退院直後の方が入院（再入院）になることを避けたり、終末期の方を受け入れて最期まで看取ることができるようにしたりと多機能化（他事業併設）を図っています。

具体的には、表2-1のようなものがあります。

**【表2-1】訪問看護ステーションによる他事業併設例**

| |
|---|
| ① 療養通所介護事業所 |
| ② 小児デイサービス |
| ③ 認知症対応型共同生活介護（グループホーム） |
| ④ 有料老人ホーム |
| ⑤ 小規模多機能型居宅介護事業所 |
| ⑥ 高齢者専用賃貸住宅※ |
| ⑦ 民間アパート |
| ⑧ その他、地域の事業に沿った事業（例：第2種社会福祉事業宿泊所） |

※2011年10月20日の「高齢者の居住の安定確保に関する法律」改正法施行に伴い、高齢者専用賃貸住宅は廃止され、高齢者向け優良賃貸住宅などとともに「サービス付き高齢者向け住宅」として一本化される。

全国訪問看護事業協会では、多様な施設の実態を把握し、今後のあり方を考えるべく「訪問看護事業の多機能化の現状と課題の検証に関する研究事業」（2010［平成22］年度）[*]を実施し、全国12カ所に対してヒアリングを行いました。

その結果、1カ所の規模は、入居者が5人から数十人と大規模なものまでさまざまでした。訪問看護ステーションとの関係も、看護師が施設内に常駐しているところ、隣接する訪問看護事業所等の看護師が夜間を含めて対応しているところ、夜間は介護職だけが常駐し、訪問看護ステーションは夜間対応体制を取っているところなどがありました。なお、介護職は、常勤で雇用するかあるいは訪問介護として外付けサービスで対応するなどされていました。

利用者像としては、適切な入院・入所先がない方を受け入れる場合や、家庭的な雰囲気や住み慣れた地域で療養したいというニーズに応える場合がありました。また、受け入れ時期は、病気や障がいが軽いうちからの利用が多い施設と、重くなって

[*] 主任研究者：村嶋幸代（東京大学大学院医学系研究科健康科学・看護学専攻地域看護学分野教授／当時）

からの利用が多い施設とがありました。8割以上の利用者が要介護4以上で、全員が移乗と排泄に介助を要するという重度者の多い施設がある一方で、要介護2〜3の利用者が多い施設もありました。がん患者が半数を占め、なかでもターミナル期の患者が多い施設もあれば、7割〜8割が認知症というところもありました。また、医療処置の実施率も7割以上から半数以下までさまざまでした。このように、開設している施設の規模、用いている制度、人員配置、利用者像は多様でしたが、共通点は、心身の機能を踏まえた予防的ケア、医療ニーズの高い方も受け入れることが可能という点でした。

　設立母体となる訪問看護ステーションの利用者像も反映し、その機能は多様でしたが、いずれの場合も、訪問看護ステーションの管理者たちの熱い思いと、ステーション運営で培った地元の方々との信頼関係を基盤として開設にこぎつけていました。開設資金としては、銀行からの借入や、仲間を募って出資金を活用した例もみられました。経営的に黒字が出ている施設もありましたし、他からの利益で赤字を補填している施設もありました。また、多くの施設で、地域の中に根ざすための工夫が行われていました。そして、各事業所がそれぞれの強みを活かして、事業の継続や拡大に向けた戦略を取っていました。

## Q:72 訪問看護ステーションが基盤にあることのメリットは何ですか

**A**　医療職である訪問看護師が、その企画・運営の全般にかかわるために、随所で"看護の機能"を発揮することができます。看護の機能はすなわち、療養者の心身の機能をアセスメントし、看護判断に基いて変化を予測し、予防的に対応することができます（発症予防・合併症予防）。また、医療処置ができるために、医療ニーズの高い方を受け入れたり、病態の変化時や終末期まで一貫して対応することができます。さらに、医師との連携も容易です。

　訪問看護ステーションの24時間対応体制を活用することにより、夜間・早朝の看護ニーズにも対応可能となるというメリットもあります。

実際に、宿泊機能をもつ施設を立ち上げた訪問看護ステーションの管理者への調査では、利用者のニーズとして、「病状などの理由で他の入院・入所先がない」が挙げられています。また、「介護者がいない」「この地域に住み続けたいという希望がある」「入院したくない」「他の施設に入所したくない」などの回答もあり、これらのニーズに応えることができるため、訪問看護ステーションが基盤にあることが大きな利点であると回答されています。

---

**Column**

### グリーフケア

　人が亡くなった時、それまで支えていたご家族の喪失感、寂寥感、あるいは後悔は、計り知れず深いものです。その気持ちに寄り添うためのケアを「グリーフケア」といいます。
　訪問看護を提供していた方がお亡くなりになった時には、例えば亡くなられてから1カ月くらいをめどに、訪問したりします。訪問看護師自身も振り返ることで癒されたり、仕事の励みになることがたくさんあります。診療報酬上は算定できないので、実施はステーションによりさまざまですが、大切なケアです。

## その2　療養通所介護

**Q:73**　「通所介護」と「療養通所介護」はどう違うのですか

**A**
●通所介護

　通所介護は、いわゆるデイサービスのことで、通いで介護を行います。介護保険開始後、民間のデイサービスが急増し、多数の国民が利用する身近なサービスとなっています。

　2012（平成24）年4月より、利用時間の基準が若干変更になりましたが、日中1日（3時間〜5時間未満、5時間〜7時間未満、7時間〜9時間未満）の利用で、送迎・入浴・食事サービスなどが含まれています。最近では、それぞれの事業所の特徴を出して、筋力トレーニング中心のデイ、外出（町を闊歩すること）中心のデイ、昼食づくりを楽しむデイ、特別なプログラムのないデイなど多様です。認知症の方専門のデイサービスもあります。

●療養通所介護

　通所介護では、看護師の配置数が多くないために、医療ニーズの高い要介護者を受け入れることが困難な事業所が多く、それが課題となっていました。

　そうした中、医療ニーズの高い利用者が安心して利用できる通所サービスとして2006（平成18）年に新設されたのが、訪問看護事業所が中心となって運営する「療養通所介護サービス」です。看護師が常駐するので、がん末期や難病の方が利用できます。

　その概要は次のとおりです。
①定員——1日あたり9名（2012年4月より）
②職員——利用者：職員＝1.5：1
　　　（常勤専従の看護師を1名以上配置）
③管理者——常勤専従の看護師
　　　（ただし、併設訪問看護ステーションの管理者と兼務可能）
④利用時間——3時間〜6時間未満、6時間〜8時間未満

\* 厚生労働省：介護給付費実態調査月報（平成24年2月審査分）

2012年2月現在、全国に77カ所あります\*。利用者が重症者であるために、急な入院や体調不良などがあり、利用回数が安定しないことから、かなり経営的に苦しい面があり、設置数はあまり増えていません。また、利用者からは通所だけではなく、宿泊の希望も多く、課題が多いです。

通常の「通所介護」と異なり、「療養通所介護」は人工呼吸器装着者や重度の慢性呼吸不全の方、さらには重症心身障がい児・者らへのサービスを行い、病状が安定するなど大きな成果を上げていますが、一方でさまざまな課題が残されています。

## Q:74 「療養通所介護」の実践例を紹介してください

**A**

● 「青葉区メディカルセンター療養通所介護事業所」概要

神奈川県横浜市青葉区にある「青葉区メディカルセンター療養通所介護事業所」は、全国的には2、3床での運営が多い中、2011（平成23）年より7床で運営し、ほぼ満床で稼動しています。同事業所は、青葉区外、そして同訪問看護ステーション以外の利用者も受け入れており、さらに小児等介護保険対象外の方も自費での受け入れを積極的に行っています。

療養通所介護事業所の利用者は常に看護師による観察やケアの必要な方とされており、神経難病から終末期の利用者、人工呼吸器装着者など医療ニーズの高い方を対象としています。

「青葉区メディカルセンター療養通所介護事業所」概要

| 住所 | 横浜市青葉区荏田北3-8-6 |
|---|---|
| 開設時期 | 2006年5月 |
| 利用者数 | 30名（2012年7月現在） |
| 併設サービス | 訪問看護ステーション、訪問介護ステーション、居宅介護支援事業所、福祉用具貸与・販売 |
| 職員体制 | 看護師5名（4名兼務）、介護福祉士6名、介護職員養成研修修了者1名 |
| 管理者 | 岩間慶子（訪問看護認定看護師）<br>※併設訪問看護ステーションおよび訪問介護ステーションの管理者と兼務 |

● **実践内容**

[送迎] 人工呼吸器をつけながらも安全に送迎できるよう、スタッフ間で声かけしながら、送迎しています。基本的には看

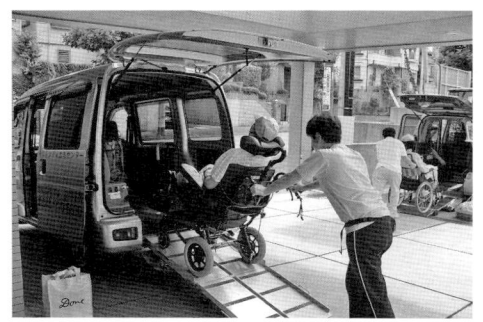

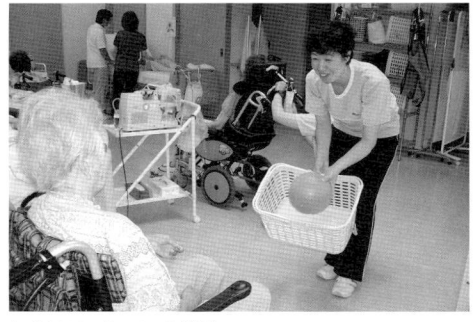

車いす対応車での送迎　　　　　　　レクリエーションの様子

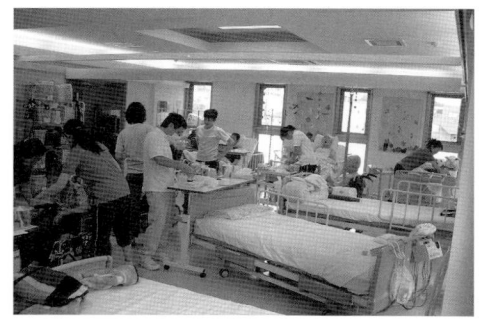

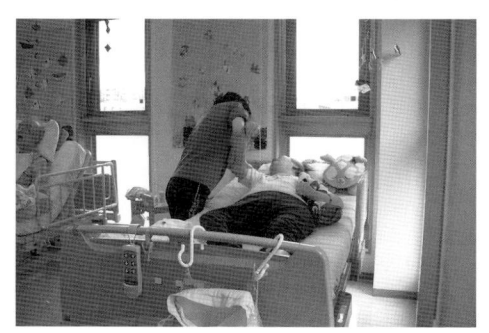

居室の様子　　　　　　　　　　　　ベッドサイドでのケア

　護師1名、介護職1名で対応し、2台の送迎車で、1日6、7名を送迎しています。片道30分以上の道のりと、ベッドからベッドへの対応で迎えだけで1時間ほどの時間を要することもあります。
　［入浴］多くは職員2名体制で機械浴を行います。1名ずつ入浴できるため、のんびりと、好みの音楽を聴きながら入浴できます。機械浴であれば、医療ニーズの高い方も安全に、そして時間をかけて入浴することができます。巡回入浴よりゆっくり入れるため人気は高いです。また、夏場の脱水状態で体力が低下した方や褥瘡処置の必要な方も、一時的に利用して状態を安定させる機能があると思います。
　［リハビリテーション］午後の時間を利用して利用者さんに集まってもらい、リハビリテーションを行っています。自宅でのリハビリをすすめても、1人では自主的に意欲が出ず実行困難ですが、通所事業所を利用中、他の利用者さんと交流する中で、リハビリに意欲的にかかわれています。自宅では経験できない多くの方との触れ合いがさまざまな成果になっていると思います。また、リハビリを兼ねたレクリエーションも、毎月、さまざまな内容を考えて実施しています。

●療養通所介護の効果

　療養通所介護事業所がなければ外出できず、自宅で臥床を強いられてしまうような方が、在宅でたくさん療養しています。療養通所介護を利用することにより、「入院回数が減少した」「声を発した、言葉を発した」「散歩ができた」「車いすに乗れた」など、たくさんの残存機能を引き出すかかわりができています。また、「最期まで家で過ごせた」「休息を取りながら昼夜問わずの介護ができた」と、介護者のレスパイト効果も大きいです。

　カラオケもあり、言語訓練に大きな成果があります。気管切開をしている方もカラオケを楽しみに利用しています。

## その3　小児デイサービス

**Q:75** NICUから退院する重度の障がい児のデイサービスやショートステイを実施しているところはありますか

**A** もともと要介護高齢者を中心に推進されてきた訪問看護ですが、最近では小児からの要望も増えています。主な対象者は、NICU（Neonatal Intensive Care Unit；新生児集中治療室）から退院する人工呼吸器などを装着した状態の小児や重症心身障がい児、小児がん患者などです。

小児を中心にした訪問看護ステーションは少しずつ増加しており、2012（平成24）年現在、推計で全国に二十数カ所程度あるようです。重度心身障がい児のデイサービスは未だ数が不十分で、訪問看護師たちが自らボランティアのような形でデイサービスを行っているところもあります。

**Q:76** 「児童デイサービス」の実践例を紹介してください

**A** ●「児童デイサービスめぐみ」「児童ショートステイめぐみ」概要

北海道旭川市にある「児童デイサービスめぐみ」「児童ショートステイめぐみ」は、児童のためのデイサービスを実施しています。開設母体の有限会社こころは、「訪問看護ステーションめぐみ」と「グループホームこころ」も同一建物で実施しています。

有限会社こころ開設前に、有限会社東光ヘルパーステーションを開設・運営し、グループホーム、訪問介護、地域密着型デイサービス（高齢者）を提供していました。その経験から、医療ニーズの高い小児へのサービスやナーシングホームのような

### 「児童デイサービスめぐみ」概要

| 住所 | 北海道旭川市亀吉2条2丁目3-5 |
|---|---|
| 開設時期 | 2005年2月 |
| 利用者数 | 21名（2012年8月現在） |
| 併設サービス | 訪問看護ステーション、グループホーム |
| 職員体制 | 常勤看護師4名、非常勤看護師10名（そのうち看護大学編入生7名）、常勤准看護師1名、非常勤准看護師2名 |
| 管理者 | 白瀬幸絵（看護師／介護支援専門員／障害者ケアマネジャー／法人取締役） |

グループホームの必要性を感じていました。そして、新たな施設の開設を支援したいと銀行の理解も得られ、苦労なく実現することができました。

施設はリースバック方式＊による賃貸です。当初、児童デイサービス・児童ショートステイは大幅な赤字で、訪問看護・グループホームの利益を補填していました。

主な対象者は、超重症心身障がい児や難病・小児がん患者などで、大学病院等の主治医と連携し、展開しています。

● 運営状況

超重症心身障がい児に対して、入浴や嚥下訓練、機能訓練などのケアを提供するデイサービスがなかったことから利用者の確保に苦労することはなく、希望者が殺到したため利用者の選択が必要でした。重症者を対象としているため、入浴、機能訓練、嚥下訓練等を行う職員が規定の職員配置では不足し、職員を3倍にして対応しています。

入浴や機能訓練、嚥下訓練、感染予防等のサービスを無償で提供することや、訪問看護師の応援を得ることにかかる費用は、他事業から補填して運営してきました。

デイサービスはその後、メディアの助けもあり、旭川市の制度変更によって、医療連携加算などの支援が活用可能となり、現在は赤字経営ではありません。今まで地域になかったサービスを提供・提案でき、旭川市独自の制度ができました（小児デイサービス医療連携加算・小児在宅人工呼吸器の訪問入浴サービス・超重症心身障害児者訪問歯科診療）。

児童ショートステイについては現在、看護師不足と予算不足により休止していますが、緊急時には無償で受け入れたり、留守番訪問＊などで対応しています。

---

＊ 保有する資産を一度売却しながら、それを引き続き買主に使用料を払い、借り受けること。

＊ 在宅で療養する医療ニーズの高い超重症心身障がい児等の介護者が不在の際に看護師が訪問し、介護者の代わりにケアを行うこと。

訪問看護ステーションはデイサービスと同じフロア内に

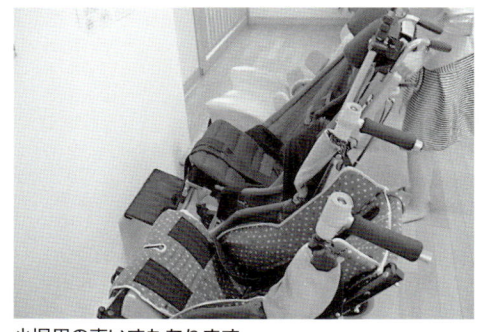

小児用の車いすもあります

ピアノに合わせて音楽療法

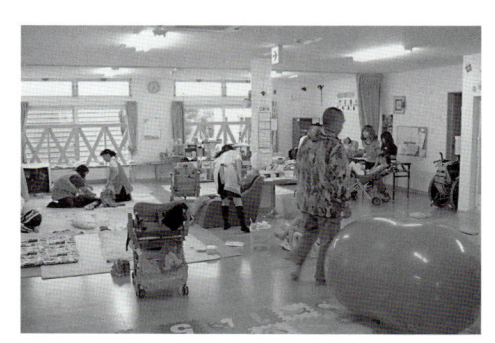

送迎と帰りの仕度

●今後の課題

　訪問看護師等の確保により児童ショートステイを再開すること、超重症心身障がい児・人工呼吸器装着児などが在宅で最低週1回訪問入浴サービスが利用できるよう活動していくこと、重症心身障がい児の通学支援制度ができるようにしていきたいことなど、希望に胸を膨らませています。

## その4 認知症対応型共同生活介護（グループホーム）

### Q:77 認知症対応型共同生活介護（グループホーム）とはどういうものですか

**A** 認知症対応型共同生活介護（以下グループホーム）は、認知症の人が共同生活を営む場です。"認知症ケアの切り札"として誕生した「自宅ではない在宅」でもあります。

日本の高齢者施策は、「寝たきり老人」といわれるいわゆる「身体障がいの高齢者対策」が中心でしたが、1980年代半ばから「認知症は寝たきりとは違うケアモデルでの対応が必要」と厚生省に「痴呆性老人対策推進本部」（当時）が創設され、取り組みが強化されました。そうした中で、「少人数」「家庭的な環境の下」で「共同生活」を送る場として「グループホーム」が誕生しました。

その支援のあり方は"自立支援"が中心です。それまでの提供型介護・サービスではなく、できないことを支援するというもので、家事等も認知症の人たちが自分たちで実施します。1ユニット5人〜9人で、2ユニットが上限です。民家風な家、ビルの中、高齢者施設の中の一画、など多様な場で暮らしています。

グループホームには看護師配置の義務はありませんが、看護師の支援を強化するために、2006（平成18）年から訪問看護ステーションから看護師が定期的に訪問し、一緒に看取りまで行うことができるようになりました。グループホームのサービスの中に「医療連携体制加算」が設けられ、①職員として看護師を採用する、②医療機関から看護師が訪問する、③訪問看護ステーションから看護師が訪問する、のいずれかで健康管理や急変時の対応などを行い、できれば看取りまで実施するような動きになっています。

グループホームは、介護保険の中でも地域密着型サービスなので、自治体（市町村）の計画に基づいた開設許可となります。1997（平成9）年に制度化され、2000（平成12）年の介護保険ス

\* 厚生労働省：介護給付費実態調査月報（平成24年2月審査分）

タート時点でサービスメニューとなり、急増しました。2012（平成24）年現在は、全国に1万1,000カ所程度あります\*。訪問看護ステーションが中心となってグループホームを開設し、一体的に運営をしている事業所は、全国ではあまり多くはありませんが、積極的に取り組んでいる訪問看護師たちはいます。

## Q:78 「グループホーム」の実践例を紹介してください

### A ●「グループホームこころ」概要

「児童デイサービスめぐみ」の項（参照▶Q76）で紹介した有限会社こころは、「訪問看護ステーションめぐみ」と同一建物の中に「グループホームこころ」も開設しています。

「グループホームこころ」概要

| 住所 | 北海道旭川市亀吉2条2丁目3—5 |
|---|---|
| 開設時期 | 2005年2月 |
| 利用者数 | 18名（2012年8月現在） |
| 併設サービス | 訪問看護ステーション、児童デイサービス |
| 職員体制 | 介護職（常勤8名・非常勤6名）、パート看護師9名<br>※上記スタッフで常勤換算7、8名にて日勤 |
| 法人代表 | 白瀬幸絵（看護師／介護支援専門員／障害者ケアマネジャー） |

地域で不足しているサービスや、医療ニーズが高く生活障がいがあるなど専門的ケアを必要とする困難事例に特化したサービスを連携によって提供するものとして、ナーシングホームのようなグループホームの必要性を感じていました。そうした中、介護職が中心になって開設・運営しているグループホームは多数ありますが、看護師が中心に運営している入居施設をつくりたいということで、開設されました。

具体的な対象者は、インスリン、胃ろう、留置カテーテル、ストーマなどの継続ケアが必要な医療ニーズの高い認知症の方です。実際には、64歳～99歳の方で、インスリンや点滴、在宅酸素療法、人工透析、人工呼吸器の使用者や、ターミナル・難病の対象者も入居しています。

入浴後の医療ケア

医大の実習生とのコミュニケーション。笑いが絶えません

小児と高齢者の交流により温かい空間が生まれている

訪問看護ステーションは同一建物内に

## ●運営状況

　医療連携は、同一建物にある訪問看護ステーションの看護師が担当しています。保険請求ができない部分も多々ありますが、看護師が経営者で同一建物・同一法人で実施しているので、入居者一人ひとりのこともよくわかり、自然に実施できます。

　実習教育機関として、看護師、保健師、管理者、教育者、ヘルパー、国際協力機構（JICA）などと多くのかかわりがあり、学びの場所となっています。医療ニーズの高いエンドライフステージにおける緩和医療や看取りを積極的に展開しています。

また、小児と高齢者による世代交流が行われ、温かい空間が提供されています。複合型施設のメリットがあり、また医療依存度の高い対象者に特化していることで、入居者は予約待機している状態です。

**Column**

**雪の日の訪問看護**

　普段、雪道で車を運転することのない地域のステーションでは、積雪があった時、どのような対策をとっているのでしょうか？
あるステーションは、タクシーをチャーターし、順次スタッフを降ろして帰りも迎えに行くなど、終日タクシー移動で訪問したそうです。訪問看護はまず、看護師が各居宅に移動することが前提の仕事です。
　介護保険では利用料の中に交通費は含まれていますので、移動手段がたとえタクシーであっても事業所の負担になります。この日のタクシー料金は4万円弱とのことでしたから、訪問件数によっては保険収入を上回る交通費の出費になりかねません。安定した看護の提供と、収支のバランスのとり方が難しいことを示した一例です。

## その5 有料老人ホーム

**Q:79 有料老人ホームには、どのようなタイプがあるのでしょうか。また、訪問看護経験のある方が運営している施設はどういう内容ですか**

**A**

●有料老人ホームのタイプ

　有料老人ホームは、入浴、排泄もしくは食事の介護、食事の提供、洗濯・掃除等の家事、または健康管理の供与をする事業を行う施設のことです（老人福祉法第29条）。厚生労働省は、有料老人ホームを「健康型」「住宅型」「介護付」に分類しています。

　「健康型」は主に自立した高齢者のみを対象とするもので、食事などのサービスは付きますが、介護サービスは提供されません。

　「住宅型」は、要介護になった場合、訪問介護など外部のサービスを利用しながら生活するタイプの老人ホームです。

　「介護付」は、都道府県から介護保険法に基づき「特定施設入居者生活介護」の指定を受けた施設（特定施設）で、利用者は、施設が提供するサービスに対して、介護保険での支払いが可能です。都道府県から「特定施設入居者生活介護」の指定を受けるには、一定の基準をクリアする必要があります。「特定施設入居者生活介護」のガイドライン（厚生労働省「有料老人ホーム設置運営標準指導指針」）には、看護職員または介護職員を「要介護の利用者：職員＝3：1以上（1人以上は常勤者）」配置することや、看護職に特化してみると「利用者：看護職員＝50：1以上（非常勤可）」の配置が定められています。居住環境については、個室であり、入居者1人当たり13.0㎡以上の面積を確保することなどが示されています。

　さらに、「介護付」には、施設内部のスタッフが介護サービスを提供する「一般型」と、施設外の介護事業所と委託契約して介護サービスを提供する「外部サービス利用型」とがあります。

## ●医療ニーズの高い利用者への看護サービスの提供

　訪問看護の経験者が経営する有料老人ホームは、「医療ニーズの高い利用者を受け入れられる施設にしたい」という動機で立ち上げられる場合が多いようです。有料老人ホームの場合、利用者の医療ニーズに応じるには、医師の往診に加え、看護サービスが受けられることが重要です。それには、施設内の看護職の配置を手厚くする方法と、外部の訪問看護ステーションを利用する方法とがあります。

　施設内の看護職の配置を手厚くする場合、現行制度下ではその報酬等は定められていないため、費用は施設利用料に上乗せするか、施設側の持ち出しになります。一方、外部の訪問看護ステーションを利用する際には、利用者に費用を負担してもらうことになりますが、「介護付・一般型」の場合、訪問看護は介護保険での支払いができず、限られた対象への医療保険のみが可能なことや、「介護付・外部サービス利用型」で介護保険を利用する場合には、施設と訪問看護ステーションとの契約が必要となるなどの制約があります(表2-2)。

**【表2-2】有料老人ホームの分類と、介護および看護サービス提供**

| | | 身体介護 | 訪問看護の利用 |
|---|---|---|---|
| 健康型 | | − | − |
| 住宅型 | | ・必要時外部から提供 | ・介護保険可<br>・医療保険可 |
| 介護付 | 一般型 | ・施設が提供 | ・介護保険不可<br>・医療保険可※ |
| | 外部サービス利用型 | ・外部から提供 | ・契約した訪問看護ステーションからの訪問は、介護保険による利用可<br>・医療保険可 |

※特別訪問看護指示書の交付があった場合（急性増悪等の理由）と、「厚生労働大臣が定める疾病等」に該当する場合のみ、医療保険による利用が可能

　有料老人ホームの経営者が、同時に訪問看護ステーションも経営している場合、そのステーションを利用することで、円滑な連絡・調整ができるなどのメリットがあります。一方、訪問看護ステーション側も、有料老人ホームの利用者が一定数コンスタントに得られるため、経営面で安定するというメリットがあります。

## Q:80 「有料老人ホーム」の実践例を紹介してください

**A**

### ●「大沢の家 たんぽぽ」概要

東京都三鷹市にある「大沢の家 たんぽぽ」は、ベッド数9床（7部屋）の住宅型有料老人ホームです。入居者のほとんどが要介護3以上で、介護ニーズはもちろんのこと、胃ろう、経管栄養、在宅酸素療法、人工透析、ストーマ、インスリン管理、ターミナルケアなどの医療ニーズがあります。施設での看取りも見すえて、ケアを行っています。

「大沢の家 たんぽぽ」概要

| 住所 | 東京都三鷹市大沢2-19-8 |
|---|---|
| 開設時期 | 2004年12月 |
| 利用者数 | 9名（2012年8月現在） |
| 併設サービス | 訪問看護ステーション（3カ所）、ヘルパーステーション、居宅介護支援事業所、デイサービス（2カ所） |
| 職員体制 | 看護師2名（訪問看護ステーションとの兼務）、社会福祉士2名、介護福祉士4名、ケアマネジャー1名、ヘルパー1名 |
| 管理者 | 千葉信子（看護師） |

### ●運営状況

医療ニーズに対しては、常時連携しているクリニックの医師の定期的な往診（訪問診療）と、主に同一法人の訪問看護を利用しています。また、施設が「住宅型」であることから、訪問介護・デイサービスなども外部のサービスを利用しています。

このような運営体制上、施設サービスの質を保つためには、外部のサービス提供機関との円滑な連携が欠かせないため、外部の方々とのふれあいを大切にしています。「地域に根ざし、地域の事業所や行政との連携と信頼関係を築くこと」を理念とし、「大沢の家 たんぽぽ」の利用者も参加するチャリティコンサートを開催するなどして、地域への恩返しを心がけています。行政とのパイプも大切にするために、認知症高齢者・精神障がい者の未治療者や治療中断者へのかかわりを通して、地域での生活が安定することを目的とした相談事業や介護予防事業を受託しています。

### ●経営維持のためのポイント

コンスタントに入居者が確保できることが重要です。空室が生じた場合、ショートステイとして利用していただくこともあ

施設正面

建物1階はデイサービス

浴衣姿でたんぽぽ夏祭り

河口湖へ一泊旅行

ります。入居者の確保はすべて口コミによるもので、電話での問い合わせがあれば必ず見学に来ていただき、住んでいる方の話や雰囲気を見ていただき、十分に納得していただいたうえで入居を決定します。

## その6 小規模多機能型居宅介護事業

### Q:81 小規模多機能型居宅介護事業とはどういうものですか

**A** ●通いを中心に、訪問や宿泊もできる地域密着型サービス

　小規模多機能型居宅介護とは、介護保険の地域密着型サービスの1つで、居宅で、またはサービスの拠点への通いや泊まりにより、入浴・排泄・食事等の介護、調理・洗濯・掃除などの家事、生活相談・助言や健康状態の確認などの日常生活上の世話、機能訓練を行い、能力に応じ居宅で自立した日常生活を営むことができるようにするものです*。登録された利用者（定員25名以下）を対象に、利用者の様態や希望に応じて、通い・訪問・泊まりを組み合わせてサービスを提供します（図2-1）。

\* 指定地域密着型サービスの事業の人員、設備及び運営に関する基準第62条

【図2-1】小規模多機能型居宅介護事業とは

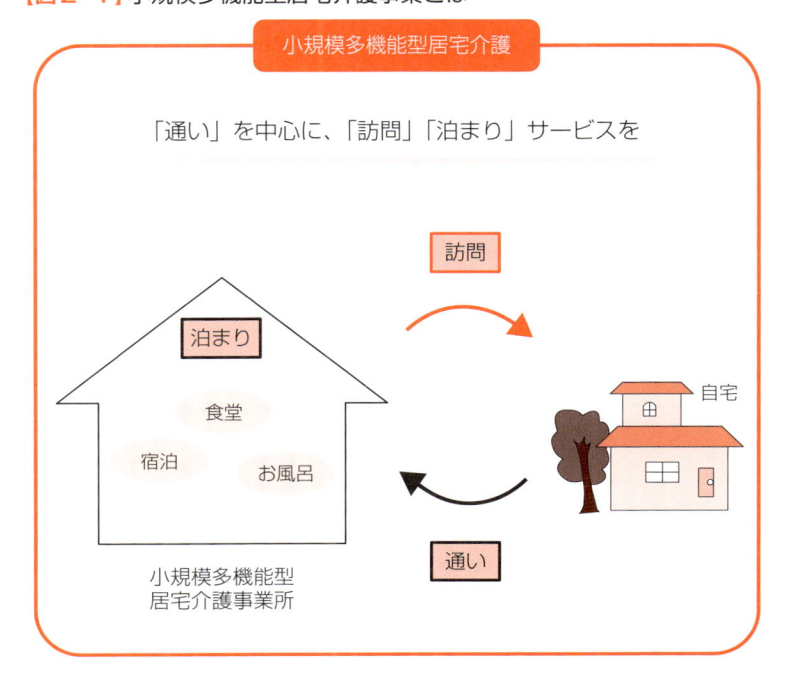

小規模多機能型居宅介護

「通い」を中心に、「訪問」「泊まり」サービスを

このサービスに登録した利用者については、その事業所のケアマネジャーがケアマネジメントを担当します。そして、登録者は、訪問看護、訪問リハビリテーション、居宅療養管理指導、福祉用具貸与以外の居宅サービス（例えば訪問介護など）は受けることができません。

### ●なじみの職員が居宅生活を支える

　1事業所の登録者は25名以下であり、「通い」の利用者は登録定員の半分から15名まで、「泊まり」の利用者は通いサービスの利用定員の3分の1から9名までです。どのサービスを利用しても、なじみの職員によるサービスを受けられることが、この制度の特長です。登録者が「通い」サービスを利用しない日には、訪問サービスを提供したり、電話による見守りを行うなど、登録者の居宅での生活を支えるために適切なサービスを提供します。通いと訪問を合わせておおむね週4日以上の利用が目安とされています。

### ●管理者には、認知症ケアの経験が必須

　職員配置は、日中は通いサービス利用者3名に対し1名、訪問サービスとして1名、夜間は宿直を含めて2名以上（泊まり・訪問サービスに必要な従業者数、泊まりの利用者がいない日はおかなくてよい）であり、全体として従業者のうち1名以上が常勤、1名以上が看護職、兼務でもよいのでケアマネジャーをおく、とされています。管理者は、常勤専従（他の職務との兼務可）、認知症ケアの経験があり、一定の研修修了者であることとされています。

　建物は、居間・食堂、宿泊室（個室あるいは2人部屋で1人当たり7.43㎡以上）を要し、家族や地域住民との交流の観点から、住宅地等の立地が求められています。

## Q:82 「小規模多機能型居宅介護事業」の実践例を紹介してください

### A ●「小規模多機能ケアハウス絆」概要

東京都調布市の「小規模多機能ケアハウス絆」は創設当初から、看取りまで視野に入れた運営を行っています。看護職は1名で、ほかはケアワーカーが常勤10名と非常勤2名です。平均の要介護度は3.5と、一般の小規模多機能事業所に比べると高い値になっています*。

* 平成22年度老人保健健康増進等事業「介護保険施設等における職員人員配置基準に関する調査研究事業」調査研究報告書（財形福祉協会）では、平均要介護度2.49。

#### 「小規模多機能ケアハウス絆」概要

| 住所 | 東京都調布市西つつじヶ丘2-19-6 |
|---|---|
| 開設時期 | 2007年3月 |
| 利用者数 | 25名までの登録制 |
| 併設サービス | 訪問看護ステーション、デイサービス、地域包括支援センター |
| 職員体制 | 常勤看護師1名、介護福祉士12名（常勤10名、非常勤2名） |
| 法人代表 | 金沢二美枝（看護師／ケアマネジャー） |

### ●実践内容

[**ターミナルケア等**] 医療的ケアを要する患者、がんターミナル患者の受け入れも可能です。こうした方々には、併設している訪問看護ステーションが、特別訪問看護指示書に基づき対応しています。ケアワーカーに対しては、医療的知識に関する勉強会を開催し、ケアプランを一緒に考え、きちんと記録に残し、ケアの展開につなげることによって、日常的なケアや観察が行えるよう、能力の向上を促しています。

[**家族への働きかけ**] 小規模多機能型居宅介護には、宿泊し放しではなく、家庭との往復が前提であるという特徴があります。つまり、宿泊だけではなく、通いや訪問を用いながら、家庭で生活する期間を設けることが基本です。そのため、家族と同居している利用者に関しては、家族の協力が得られることを受け入れの条件としています。また、小規模多機能型居宅介護には、通い・宿泊ともに登録定員よりも枠が少なく、例えば多くの利用者が一度に宿泊を希望してもかなわないという特徴があります。この特徴を踏まえ、利用者内で限られた枠を融通しあう必要があります。「小規模多機能ケアハウス絆」では、家

施設外観

家族会

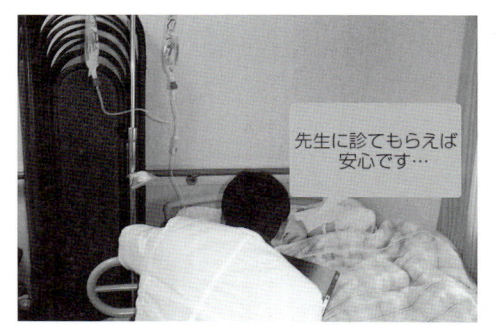

先生に診てもらえば
安心です…

往診の様子

お正月のおせち

族への働きかけを行い、施設利用者家族で互助会を運営し、運営推進委員会や家族会を開催して、適切なサービス利用を促しています。

### ●今後の課題

開設者の金沢氏は、訪問看護ステーションの開設、ヘルパーステーションの開設、デイサービス（在宅総合センター）の開設、地域包括支援センターの受託を経て、「小規模多機能ケアハウス絆」の開設に至りました。当初は"通所事業プラス夜だけ実費で宿泊"といったサービス形態を試行的に行っていましたが、利用者負担などを考え、小規模多機能型居宅介護制度の利用に移行しました。マンションの2部屋を借りて事業を行っていますが、以前からの事業の継続性により、利用者の確保という面では恵まれています。

小規模多機能型居宅介護は、自由度が高く、柔軟にサービスを提供できる形態であるので、今後も発展させていきたいと考えています。さらに将来に向けては、よりターミナルケアに特化したかたちでのサービス提供のあり方について検討しているところです。

## その7 サービス付き高齢者向け住宅

### Q:83 サービス付き高齢者向け住宅とはどういうものですか

**A** 2011（平成23）年11月施行の「高齢者の居住の安定確保に関する法律」（高齢者住まい法）の改正により、以前の高齢者円滑入居賃貸住宅（高円賃）、高齢者専用賃貸住宅（高専賃）などが一元化され、「サービス付き高齢者向け住宅」として、高齢者を対象に住居およびサービスが提供されるようになりました。この法律改正により、管轄省庁が国土交通省単独から国土交通省・厚生労働省の共管に変更され、また以前の高円賃、高専賃などと異なり、サービスの提供が義務づけられるようになりました。特に安否確認、生活相談サービスは必須となっています。表2-3にサービス付き高齢者向け住宅の登録基準を示します。

**【表2-3】サービス付き高齢者向け住宅の登録基準**

| 住居 | ・床面積は原則25㎡以上<br>・構造・設備が一定の基準を満たすこと<br>・バリアフリー（廊下幅、段差解消、手すり設置） |
|---|---|
| サービス | ・サービスを提供すること（少なくとも安否確認・生活相談サービスを提供、例えば食事の提供、清掃・洗濯等の家事援助など） |
| 契約内容 | ・長期入院を理由に事業者から一方的に解約できないこととしているなど、居住の安定が図られた契約であること<br>・敷金、家賃・サービス対価以外の金銭を徴収しないこと<br>・前払金に関して入居者保護が図られていること（初期償却の制限、工事完了前の受領禁止、保全措置・返還ルールの明示の義務づけ） |

また、サービス付き高齢者向け住宅への訪問看護サービスの提供方法を表2-4に示します。サービス付き高齢者向け住宅のうち、特定施設*（参照▶Q79）として届け出た場合には、人員配置基準に従った看護職員の配置があるため、介護保険で訪問看護を提供することが困難ですが、その他の場合には表2-4に示す方法のとおり、訪問看護サービスを提供することができます。

\* 介護保険の居宅サービスの1つである「特定施設入居者生活介護」の事業所指定を都道府県から受けている施設のこと。

【表2-4】サービス付き高齢者向け住宅への訪問看護サービスの提供方法

| サービス付き高齢者向け住宅の種類 | | 訪問看護サービスの提供方法 | |
|---|---|---|---|
| | | 介護保険 | 医療保険 |
| 特定施設の届出あり | 一般型特定施設 | 基本的には提供できない。ただし、必要な場合は事業者の費用負担により提供できる。 | 医療保険による訪問看護対象要件を満たしていれば提供できる。特別訪問看護指示書による訪問看護も提供できる。 |
| | 外部サービス利用型特定施設 | 特定施設と訪問看護事業者が業務委託契約を締結することにより提供できる。 | |
| 特定施設の届出なし | | 通常の居宅療養者と同様にサービスが提供できる。 | |

## Q:84 「サービス付き高齢者向け住宅」の実践例を紹介してください

### A

●「ナーシングホームJAPAN」概要

愛知県の「ナーシングホームJAPAN」では、法改正に伴い、高専賃からサービス付き高齢者向け住宅へ移行し、サービスを提供しています。「ナーシングホームJAPAN」では、基本的にはターミナル期のがん患者を対象として、住宅を保障し、訪問看護を提供しています。

その他のサービスは、それまで利用者が利用していたサービス（往診・訪問診療、ケアマネジャー、訪問介護など）がそのまま利用できるため、入居前と連続性が保てるようになっています。また、地域の他のサービスを利用することで、同一法人によるいわゆる囲い込みになることを防いでいます。

「ナーシングホームJAPAN」概要

| 住所 | 愛知県名古屋市千種区上野1-2-7 |
|---|---|
| 開設時期 | 2009年1月 |
| 利用者数 | 26名（2012年8月現在） |
| 併設サービス | 訪問看護ステーション、往診クリニック |
| 職員体制 | 看護師15名（常勤7名・非常勤8名）、看護助手6名<br>※介護職員は外部サービスとの契約 |
| 管理者 | 吉田豊美（看護師） |

エントランス・駐車場　　　　　　　　道路に面した看板

4階のダイニングバー　　　　　　　　3階のライブラリー・応接ルーム

● **運営状況**

　施設の利用者を確保するため、がん患者専用の施設であることを、併設の訪問看護ステーションのネットワークを活かしてPRする一方、ホームページに「ナーシングホームってなんですか？」という漫画を掲載し、一般の方にも施設の特色などをわかりやすく発信しています。

　当初の収支は不安定で、併設の訪問看護ステーションの安定した収入から補填していましたが、徐々に口コミにより利用者が安定して確保できるようになり、現在は待機者が出ることもあります。

　がん患者専用であるため、採用時から緩和ケアに関心のある看護師を特に募集し、ターミナルケアに関する勉強会や講習会を施設開設半年前から行いました。現在、併設の訪問看護ステーションと「ナーシングホームJAPAN」のどちらの業務にもローテーションでかかわっています。

　利用者は、賃貸契約を結んでいる「入居者」であり、入院中よりも、自分の希望を医療職に伝えやすい環境になっています。

## その8 民間賃貸アパート

**Q:85** 知人の看護師が、一軒家を借りて医療ニーズの高い方に住居を提供し、看取りまで行っているのですが、どうすればそういうことができますか

**A** 止むに止まれぬ気持ちで、「どんな方でも住める家・部屋・場」をつくって、そこにサービスを届けていこうと取り組んでいる看護師が全国に多数います。

例えば、訪問看護を実践する中で、在宅での療養生活が諸事情から困難になり、療養先の病院へ長期入院したり老人保健施設を転々と変更せざるを得ない利用者を見て、「病院や施設に入った利用者さんは、家にいる時と比べ、悲しい顔で生きている。その人らしい生き方になっていない。何とか自宅と同じような雰囲気・感覚で住み続けられるところがないか。どうしても自宅が無理なら、私が自宅に近いような場で暮らし続けられるところをつくろう」という気持ちなのです。

有料老人ホーム（参照▶Q79,Q80）や認知症対応型共同生活介護（グループホーム）（参照▶Q77,Q78）など、介護保険法に基づく施設・サービスをつくることも一つの方法ですが、条件や制限などがあります。そこで、アパート・下宿のような形で立ち上げ、「在宅」扱いとして、外部の訪問介護や訪問看護、訪問診療などのサービスを提供するというものです。

住宅メーカーなどが同じように高齢者専用の住宅をつくっていますが、多くは医療ニーズが高い方は対象になっていません。私たち看護職ができることは、医療ニーズの高い方々への何らかのサポートです。できれば、そこでの看取りも可能にすることです。医療提供が中心ではなく、医療ニーズが高くても、あるいは死が迫っていても"豊かに生活し、生ききる"ことを支援する場です。

そういう場を立ち上げる気持ち・計画がある場合は、安易にただアパートを建てるのではなく、その他のサービスや地域の事業所をよく見極める必要があります（参照▶Q48,Q49）。よか

れと思ってつくっても、結果的に利用者にとってあまりよくない空間になってしまうこともあります。

「志」は大事ですが、「気持ち」と「お金」だけでつくるのはさまざまな危険を伴いますので、周囲の信頼できる方に相談しながら進めるようにしましょう。

## Q:86 「民間賃貸アパート」の実践例を紹介してください

**A** 民間賃貸アパートを活用して住居の提供を行い、訪問看護ステーションの活動を基盤にした地域ケア事業所を運営している例を3つ紹介します。

### ●ホームホスピス神戸なごみの家

兵庫県にある「神戸なごみの家」は、がんまたは難病等によって、これまでの生活を継続することが困難になった方々のために、自分らしい豊かな生活を送ってもらえる「第二の我が家」としてつくられました。入居者や家族の意思を尊重し、最期まで尊厳を保ちながら自分らしく生きることを支援しています。

**「神戸なごみの家」概要**

| 住所 | 神戸市長田区雲雀ヶ丘2-2-3 |
| --- | --- |
| 開設時期 | 2002年2月 |
| 利用者数 | 6名、ショートステイ対応1名（2012年4月現在） |
| 併設サービス | 訪問看護ステーション、訪問介護ステーション、居宅介護支援事業所、デイサービス　※併設事業所はすべて神戸市兵庫区 |
| 職員体制 | 介護福祉士1名（常勤）、ヘルパー2名（常勤）・1名（非常勤）、看護師4名（非常勤）、調理師1名（非常勤）、調理または環境整備2名（非常勤）　※前記スタッフで4名体制にて日勤（介護職2名・看護師1名・その他1名） |
| 管理者 | 松本京子（看護師） |

もともとクリニックであった土地つき住宅を購入し、家主という立場でサービスを提供しています。開設に必要な資金は、自己資金と理事および友人からの資金提供によって賄いましたが、当直手当などの人件費は先に開設した訪問看護ステーションから補填することもありました。また、いわゆる利用者の囲い込みなどの危険を回避するために、何かを決める時には必ず

施設正面

門につけた小さな表札

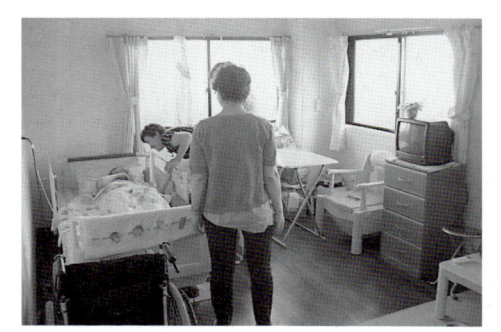

居室の様子

リビング

　行政の方や地域のケアマネジャーに入っていただいたり、理事会（地域の医師、看護師、介護職、社会福祉士等6名で構成）を開催して決定しています。このような事業所運営には、対外的にきちんと説明ができて、収益の上がるシステムが必要だと考えます。現在は、社会的信頼を得られることもあり、NPO法人として活動中です。

### ●マザーハウス天神の森

　「マザーハウス天神の森」では、下宿として住宅を提供しながら、併設のヘルパーステーションから介護職員を派遣したり、訪問看護のサービスを組み合わせて提供しています。

　さらに、介護保険の枠を超えたサービスは1時間2,500円で

「マザーハウス天神の森」概要

| 住所 | 大阪市西成区岸里東2-14-11 |
|---|---|
| 開設時期 | 2008年11月 |
| 利用者数 | 13名（2012年8月現在） |
| 併設サービス | 訪問看護ステーション、居宅介護支援事業所、ヘルパーステーション、家政婦紹介所、研修センター（ヘルパー対象） |
| 職員体制 | ヘルパー15名 |
| 管理者 | 横手喜美恵（看護師） |

施設正面

食堂兼リビング（1階）

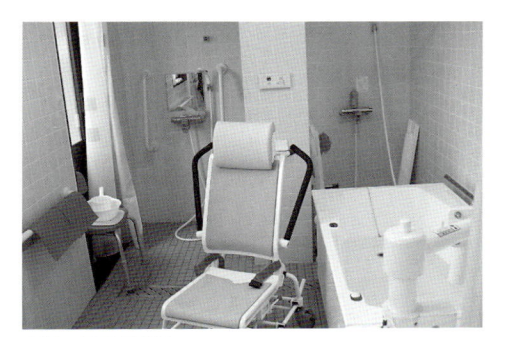

自慢の風呂（個浴）

マザーハウスのアイドル・チョコちゃん（トイプードルの女の子）

自費サービスを提供しています。また、非常事態に備えて看護師が隣の訪問看護ステーションまたは近くのマンションで待機する体制をとっています。主治医と連携し、必要な方には訪問看護を提供することで、がん末期の利用者の受け入れも可能となっています。入居の条件は、入居できる経済状況にあることのみです。現在の利用者は13名で、その中には視覚障がい者、胃ろう造設者、尿道留置カテーテルの利用者が各1名います。

最期まで、人間らしく、自由に楽しく人生を全うできるようにお手伝いしたいという理念のもとで運営されており、建物の2階部分ではペットとともに暮らすことも可能となっています。

### ●ホームホスピスかあさんの家

「かあさんの家」は、普通の民家を借りて、一人暮らしが不安な高齢者がともに暮らす居場所です。主治医や宮崎市内の4カ所の訪問看護ステーションと連携しながら、基本となる介護サービスを同一法人の訪問介護事業所が提供しています。介護保険によるケアプラン＊に沿った介護サービスのほか、インフォーマルな生活支援も行っており、5名の利用者に5、6名の介護者が24時間切れ目のないサービスを提供しています。

＊ ケアプランの約6割を介護サービス、4割を訪問看護やデイサービスで利用。

### 「かあさんの家」概要

| | |
|---|---|
| 住所 | 宮崎市曽師町58番地ほか3カ所 |
| 開設時期 | 2004年6月 |
| 利用者数 | 20名［1施設あたり5名×4施設］（2012年4月現在） |
| 併設サービス | 訪問介護ステーション、居宅介護支援事業所 |
| 職員体制 | 介護職員22名（常勤19名、非常勤3名）、ケアマネジャー1名、事務職員2名<br>※同一法人が運営する訪問介護事業所の職員を配置 |
| 法人代表 | 市原美穂 |

　訪問看護師中心の事業ではありませんが、訪問看護師が24時間体制で医療的な面を支援しているため、介護スタッフは、安心して利用者を見守ることができています。病気をもっていても生活者として普通の暮らしができるように支え、最期の時までケアをします。老いや病や死を生活の場に取り戻し、家族が悔いのない看取りができるように補完する場でもあります。

　「かあさんの家」は、NPO法人ホームホスピス宮崎の事業の一つです。馴染みの地域で最期まで安心して暮らし、安らかに逝ける町づくりを目指し、行政や地域社会と積極的に連携を図ることで透明性を高め、質の高いサービスを提供しています。

かあさんの家曽師

デイサービスからのお帰り

口から食べることは、最大のQOL

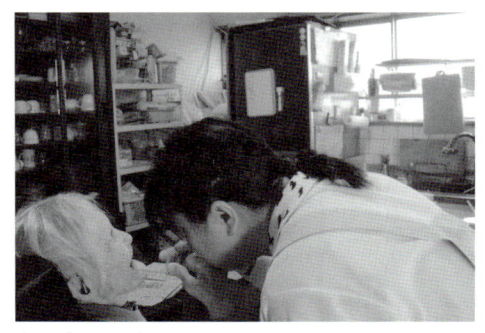

歯間ブラシを使って口腔ケア

## その9 その他

**Q:87** 地域の特性に沿った取り組みの例を紹介してください

**A** 日雇労働者の簡易宿泊所が多く、また路上生活者も多い地域として知られる東京の"山谷"で訪問看護ステーションを立ち上げて活動し、さらにその延長として単身独居で行き場のない人たちのために宿泊できる場をつくった事例として「コスモスハウスおはな」を紹介します。

### 「コスモスハウスおはな」概要

| | |
|---|---|
| 住所 | 台東区日本堤1-13-3 |
| 開設時期 | 2009年5月 |
| 利用者数 | 13名（2012年8月現在） |
| 併設サービス | 訪問看護ステーション、居宅介護支援事業所、デイサービス |
| 職員体制 | 看護師2名、介護職員6名<br>※訪問看護ステーションコスモスの人員を配置 |
| 管理者 | 阿部直美（看護師） |
| 法人代表 | 山下眞実子（看護師／ケアマネジャー） |

　開設の動機となったのは、簡易宿泊所利用者が要介護・要医療状態になって行き場がなくなってしまったことを目の当たりにしたことでした。そこから、障がいや疾患を抱えた人々が、地域の中で、人とのつながりを大切にしながら、生きがいをもってともに暮らせるよう支援しています。なお、「コスモスハウスおはな」は、他の事業所とは異なり、第二種社会福祉事業宿泊所＊として運営されています。

　入居者は、独居・単身で、アパートや簡易宿泊所では暮らしていけない方で、本人が入所を希望している場合が対象です。特に要介護者、がんのターミナル、HIV、認知症の方を対象としており、看取りも実施しています。

　現状では、「コスモスハウスおはな」単体での収支は赤字となっていますが、訪問看護ステーションと併せて運営している

＊ 路上生活者などの生計困難者に対し、無料または低額な料金で利用させることを目的とした宿泊所（社会福祉法第2条第3項第8号）。提供するサービスは、①宿泊のみ、②宿泊と食事、③宿泊と食事に加え、入居者への相談対応など、さまざまであり、運営にあたっては都道府県への届出が必要。

施設外観

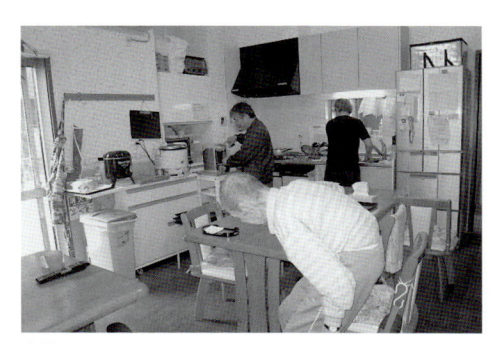

地域の方が手づくりしてくれた看板

食堂

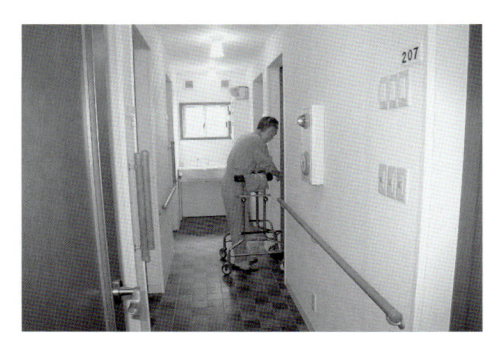

廊下より自室へ

ために、サービスの提供が続けられています。また、入所希望者が多く、待機者が多数出ており、要望に応えきれていないのが課題です。

## Q:88 2012年度に新設された「定期巡回・随時対応型訪問介護看護」とはどういうものですか

**A** 少し長い名称の「定期巡回・随時対応型訪問介護看護」は、地域密着型サービスの一類型として2012（平成24）年に創設されました。

目的は、重度者をはじめとした要介護高齢者の在宅生活を支えるため、日中・夜間を通じて、訪問介護と訪問看護を一体的に、またはそれぞれが密接に連携しながら、定期巡回訪問と随時対応を行うことです(図2-2)。主なポイントは、以下の2点です。

・対象者は要介護者のみ
　（介護予防サービスは規定していない）

**【図2-2】定期巡回・随時対応型訪問介護看護の概要**

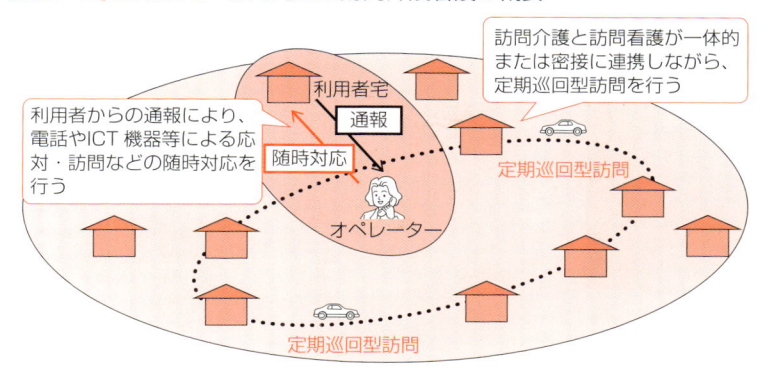

[出典] 厚生労働省：社会保障審議会介護給付費分科会第80回資料より改変

- 身体介護サービスを中心に、1日複数回サービスを提供
（看護や生活援助サービスについても一体的に提供）

● 「定期巡回・随時対応型訪問介護看護」は2タイプ

「定期巡回・随時対応型訪問介護看護」は、次の2つの類型（タイプ）が定義されています。

- 一体型事業所：1つの事業所で、訪問介護と訪問看護のサービスを一体的に提供するタイプ
- 連携型事業所：事業所が地域の訪問看護事業所と連携して、サービスを提供するタイプ

　　　　　　　※訪問看護（居宅での療養上の世話・診療の補助）は連携先の訪問看護事業所が提供

● **提供するサービスは4種類**

①**定期巡回サービス**

訪問介護員等が、定期的に利用者宅を巡回して日常生活上の世話を行います。

②**随時対応サービス**

利用者・家族等からの通報を受け、オペレーターが通報内容などに基づき、相談援助または訪問介護員もしくは看護師等による対応の要否等を判断します。

③**随時訪問サービス**

随時対応サービスにおける訪問の要否等の判断に基づいて、訪問介護員等が居宅を訪問して日常生活上の世話を行います。

④**訪問看護サービス**

看護師が利用者宅を訪問して、療養上の世話、または必要な診療補助を行います。

一体型事業所では前記①〜④のサービス、連携型事業所では前記①〜③のサービスを提供し、④は連携先の訪問看護事業所が担当します。

●**人員基準**
- オペレーター：サービス提供時間を通して1名以上。看護師・介護福祉士・医師・保健師・准看護師・社会福祉士・ケアマネジャーであること（そのうち1名以上は常勤の看護師、介護福祉士等）。兼務可
- 定期巡回サービスの従業者：必要数
- 随時訪問サービスの従業者：サービス提供時間を通して1名以上
- 訪問看護サービスの従業者：常勤換算2.5以上（一体型サービスのみ）

●**そのほか注意すべきこと**
　[計画書]保健師・看護師・准看護師が利用者宅を定期的に訪問して行うアセスメントの結果を踏まえて計画書を作成しなければなりません。

　[指定]指定定期巡回・随時対応型訪問介護看護事業所が、指定訪問介護、指定訪問看護、指定夜間対応型訪問介護にかかる指定を併せて受けることは差し支えありません。

*

　2012（平成24）年4月から新設されたばかりのサービスなので、今後どのように取り組まれていくか、まだ未知数の状態です。

　介護問題から病状変化まで幅広く状況判断することのできる目をもった看護師が、オペレーター機能を発揮して、地区ごとの在宅療養者の生活を支えるしくみが動き始めることを期待します。

## Q:89 2012年度に新設された「複合型サービス」とはどういうものですか

A　「複合型サービス」は、2012（平成24）年の介護報酬見直しの目玉と呼ばれるサービスです。また、現場では通称「医療版小規模多機能」とも呼ばれているようです。「小規模

多機能型居宅介護」と「訪問看護」の機能の両方をもっているサービスとして新設され、利用者の状態に応じて、以下のサービスを柔軟に提供するものです。

　①通い（デイサービス）
　②泊まり（ステイ）
　③訪問（介護）
　④訪問（看護）

● 「複合型サービス」の概要

　登録定員25名（上限）に対して、通い（デイサービス・登録定員の2分の1以上15名まで）と、泊まり（通いの人数の3分の1以上9名まで）を実施し、そのほかに介護職員が利用者宅を訪問する（1日最低1名）サービスのこと。この部分は、それ以前の小規模多機能型居宅介護（参照▶Q81）と同じですが、「複合型サービス」の場合は、それに看護師（最低基準・常勤換算2.5）が適時訪問・夜間対応・医療的ケアなどを行うことができます。また、配置基準の2.5名の看護師等は、「訪問看護事業所」の看護師等と兼務できることから、都道府県等の指定を受けることができ、両方のサービスを一体的に提供できます。

　利用者にとっては、状況に応じて自宅でも通いでも泊まりでもサービスを受けることができ、在宅療養生活を継続するための重要なサービスとなります。

● 「複合型サービス」の制度を理解し、計画するポイント

　①「小規模多機能型居宅介護事業」を熟知する

　「小規模多機能型居宅介護事業」について、まず熟知するべきでしょう。利用者の自宅を訪問する訪問看護とは違って、拠点としての建物（施設基準）が必要で、通いと泊まりのためのスペースが必要となります。運営基準・人員配置基準なども含めてよく把握して計画しましょう。

　②指定申請先は「市町村」である

　訪問看護ステーションの指定申請先は都道府県等ですが、「複合型サービス」は地域密着型サービスですので、指定を許可するのは市町村長です。ですから、市町村の介護保険計画に則っての指定となりますので、開設したいと思っても許可されるとは限りません。まず、事前に市町村の窓口で相談することから始めましょう。開設補助のための助成金が適応される場合もあります。

### ●「複合型サービス」こそ看護職の力を

　「複合型サービス」は、医療ニーズの高い要介護者・利用者の在宅ケアの充実（安心して地域・在宅で暮らし続けられるようにする）という目的で創設されました。看護職の役割は極めて大きく、それも単に診療の補助業務としての医療ケアだけでなく、病気や障がいがありながらも豊かな生活を送るという日常生活支援のプロとしての力が大いに期待されています。また、病院ではない場での看取りも大きな課題です。

　それらを実現するうえで、「複合型サービス」は、看護職が大いに力を発揮すべきサービスだといえるでしょう。

# 索引

## あ行

### ▼あ
青葉区メディカルセンター療養通所
介護事業所 ……………………… 95

### ▼い
e-Gov ……………………………… 81
医師法 ……………………………… 3
医療保険 ………………… 16,30,31,32
医療連携体制加算 ……………… 101

### ▼う
運転資金 …………………………… 61

### ▼え
営利法人 ………………… 26,28,29,56
NPO法人 ………………… 26,29,56,78

### ▼お
大沢の家　たんぽぽ …………… 107

## か行

### ▼か
かあさんの家 …………………… 119
介護保険 ………………… 16,30,31,32
介護保険法 ………… 2,15,16,21,25,80
開所式 ……………………………… 79
開設時期の見通し ……………… 78
開設資金 …………………………… 61
開設地域 …………………………… 70
株式会社 ……………………… 56,78
管理者 ……………… 11,19,31,40,41
管理者研修 ………………………… 74

## き
求人方法 …………………………… 73

### ▼く
グリーフケア ……………………… 93
グループホーム ………………… 101
グループホームこころ ………… 102

### ▼け
ケアマネジャー
　……………… 16,23,26,36,66,79,87
継続教育 …………………………… 74
健康保険法 ………… 16,21,25,80

### ▼こ
広域対応訪問看護ネットワークセン
　ター ……………………………… 17
神戸なごみの家 ………………… 117
国民健康保険団体連合会 ……… 13
コスモスハウスおはな ………… 121

## さ行

### ▼さ
サービス付き高齢者向け住宅 … 113
　──の登録基準 ……………… 113
　──への訪問看護サービスの提供
　方法 …………………………… 113
在宅療養支援診療所 …………… 69

### ▼し
事業計画書 ………………………… 63
資金節約方法 ……………………… 64
資金調達方法 ……………………… 64
自己資金 …………………………… 62
市場調査 ………………………… 4,66

127

指定申請 …………………… 11,26,73,79,80
　　——にかかわる法令 ……………… 80
指定申請書 …………………………… 10,12
指定地域密着型サービスの事業の人
　員、設備及び運営に関する基準
　…………………………………………… 109
指定訪問看護の事業の人員及び運営
　に関する基準 ……………… 11,31,72,74
児童ショートステイめぐみ …………… 98
児童デイサービスめぐみ ……………… 98
社会保険診療報酬支払基金 …………… 32
社会保険労務士 ………………………… 34
収支予測 …………………………… 64,65
収入のしくみ …………………………… 32
小規模多機能型居宅介護事業
　……………………………………… 109,125
小規模多機能ケアハウス絆 ………… 111
常勤換算の計算方法 …………………… 72
小児デイサービス ……………………… 98
職員研修 ………………………………… 74
人件費 ……………………………… 13,33,35,61
新事業開拓支援助成金制度 …………… 57
信用保証協会 …………………………… 64

▼せ
税理士 …………………………………… 34
設備資金 ………………………………… 61
設立法人 ………………………………… 56
全国訪問看護事業協会 ……… 74,86,87,91

## た行

▼た
ターミナルケア …………………… 68,111
退院患者継続看護指導 ………………… 15
退院調整 ………………………………… 88
第二種社会福祉事業宿泊所 ………… 121

▼ち
地域包括支援センター ……………… 23,87
地域密着型サービス ……………… 101,109
中小企業雇用創出人材確保助成金 … 58

▼つ
通所介護 ………………………………… 94

▼て
定款 …………………………………… 12,56,60
定期巡回・随時対応型訪問介護看護
　…………………………………………… 122
電子政府の総合窓口 …………………… 81

▼と
特定施設 …………………………… 105,113
特定施設入居者生活介護 …………… 105
特化型訪問看護ステーション ………… 68
届出が必要な加算 ……………………… 80

## な行

▼な
ナーシングホームJAPAN …………… 114
▼に
日本政策金融公庫 ……………………… 64
日本訪問看護財団 ……………… 74,86,87
認知症 …………………………………… 18
認知症対応型共同生活介護 ………… 101
▼ね
寝たきり老人 ……………………… 15,25,101
寝たきり老人訪問看護指導事業 …… 16
▼の
脳血管疾患 ……………………………… 17

128

## は行

### ▼ひ
PR方法 …………………………………… 87
非営利法人 ……………………………… 56
必要備品・物品 ………………………… 76

### ▼ふ
複合型サービス ………………………… 124

### ▼へ
返戻 …………………………………… 42,61

### ▼ほ
訪問看護共済会 ………………………… 86
訪問看護業務の手引 ………………… 11,42
訪問看護計画書 ……………………… 19,86
訪問看護支援事業 …………………… 16,17
訪問看護事業所 ………………………… 25
　　——の平均職員数 ………………… 29
訪問看護事業の多機能化の現状と課
　題の検証に関する研究事業 ………… 91
訪問看護事業を成功するためのコツ
　………………………………………… 43
訪問看護指示書 ……………………… 36,37,66
訪問看護師数 …………………………… 27
訪問看護指導 …………………………… 16
訪問看護師養成講習会 ………………… 74
訪問看護ステーション ………………… 24
　　——数 ……………………………… 26
　　——の概況 ………………………… 26
　　——の支出 ………………………… 33
　　——の収支状況 …………………… 35
　　——の収入 ………………………… 32
　　——の設置母体 …………………… 28
　　——の利用者 ……………………… 30
訪問看護と連携する職種・サービス
　………………………………………… 38
訪問看護に関係する法律・制度 ……… 21
訪問看護の対象者 ……………………… 17

訪問看護の利用者数 …………………… 27
訪問看護報告書 …………………… 19,37,86
ホームホスピス …………………… 59,117,119
保険外収入 ……………………………… 31
保険加入 ………………………………… 86
保健師助産師看護師法 ……………… 3,21
保険収入 ………………………………… 31

## ま行

### ▼ま
マザーハウス天神の森 ………………… 118

### ▼み
みなし指定 …………………………… 25,80
みなし訪問看護事業所 ………………… 15
民間賃貸アパート ………………… 116,117

## や行

### ▼ゆ
有料老人ホーム ………………………… 105

## ら行

### ▼り
利用者確保の前提条件 ………………… 65
利用者1人あたりの訪問回数 ………… 27
療養通所介護 …………………………… 94

### ▼る
留守番訪問 ……………………………… 99

### ▼ろ
老人訪問看護制度 …………………… 16,25
老人訪問看護療養費 …………………… 16
老人保健法 …………………………… 16,25

## 看護の事業所開設ガイドQ&A
### 地域でチャレンジするすべてのナースへ

2012年9月25日　第1版第1刷印刷
2012年10月5日　第1版第1刷発行

定価（本体2,000円＋税）
〈検印省略〉

| | | |
|---|---|---|
| 監　修 | 一般社団法人　全国訪問看護事業協会　訪問看護推進委員会 | |
| 発　行 | 株式会社　日本看護協会出版会 | |

〒150-0001　東京都渋谷区神宮前5-8-2　日本看護協会ビル4階
〈営業〉TEL/03-5778-5640　FAX/03-5778-5650
〒112-0014　東京都文京区関口2-3-1
〈編集〉TEL/03-5319-7171
〈コールセンター：注文〉TEL/0436-23-3271　FAX/0436-23-3272
http://www.jnapc.co.jp

装　丁　新井田清輝
印　刷　壮光舎印刷株式会社

●本文の一部または全部を許可なく複写・複製することは著作権・出版権の侵害になりますのでご注意ください。

Ⓒ2012　Printed in Japan　ISBN978-4-8180-1685-9